JEAN-MARC VARAUT
de l'Institut

LE PROCÈS DE JÉSUS CRUCIFIÉ SOUS PONCE PILATE

LABOR IMPROBUS OMNIA VINCIT
PLON

ISBN : 2-259-18592-4

Pour Pierre Chaunu,
mon maître, mon confrère et mon ami.

AVANT-PROPOS

Sur la route d'Emmaüs

Jésus était mort comme il est mort aujourd'hui pour beaucoup d'hommes. Et comme il est souvent mort en nous. Deux hommes marchaient sur le chemin, se rendant à un bourg appelé Emmaüs, à quelque douze kilomètres de Jérusalem. C'était le printemps. Un soir de printemps où les odeurs chaudes montent des bords du chemin où poussent des cistes à feuilles de sauge et des glaïeuls. Ils étaient las et amers. La pâque était passée. Ils s'entretenaient de la mort sur la croix trois jours plus tôt de celui qui avait été leur maître. Ils avaient œuvré à leur place dans la piétaille des hommes sans nom qui constituent les grands mouvements à leurs origines obscures. Et maintenant tout s'était effondré dans la honte d'une exécution abominable. Leurs chefs les avaient abandonnés. Jésus ne s'était pas défendu. Oui, tout était fini. Ils avaient cru qu'il était le Messie qui viendrait libérer Israël et ils avaient été floués comme toutes les jeunesses du monde qui croient aux nouveaux printemps.

Un homme les rejoignit tandis qu'ils conversaient et chemina avec eux. Il les interrogea :

– De quoi parliez-vous en marchant ?

Ils s'arrêtèrent, sombres. L'un d'eux, Cléopas :

– Tu es bien le seul, de passage à Jérusalem, à ne pas savoir ce qui s'y est passé ces jours-ci.

– Quoi ?

– Nous parlions de Jésus de Nazareth, cet homme qui a été un prophète, puissant en œuvres et en paroles devant Dieu et devant tout le peuple, et comment nos grands prêtres et nos chefs l'ont livré pour le faire condamner à mort et crucifier. Nous espérions que ce serait lui qui sauverait Israël. Mais voilà le troisième jour depuis sa mort. Tout est fini. Il est vrai que quelques-unes de nos femmes nous ont mis hors de nous en affirmant que le tombeau de Jésus était vide...

Leur interlocuteur se mit à leur parler de ces événements et à leur en expliquer le sens, en les exhortant :

– Oh cœurs insensés et lents à croire ! Est-ce qu'il ne fallait pas que le Christ souffre pour exister dans sa gloire ?

Ils ne comprenaient pas très bien ce qu'il leur disait. Et comme ils s'approchaient du bourg, ils empêchèrent leur compagnon inconnu d'aller plus loin :

– Demeure avec nous, car le soir vient et déjà le jour baisse.

L'inconnu entra dans l'auberge. L'auberge de la halte familière à tous ceux qui doutent et cherchent.

Plus tard, il était étendu avec eux autour de la table du repas quand, prenant le pain, il le bénit, le rompit et leur donna. Leurs yeux s'ouvrirent et ils le reconnurent à ce geste. Et il disparut à leurs yeux. Le tableau de Rembrandt les montre terrifiés ; ils lèvent les bras pour se protéger du regard. L'homme se protège pour se laisser mieux attirer. Ils se dirent l'un à l'autre :

– N'est-il pas vrai que notre cœur était tout brûlant lorsqu'il nous parlait en chemin et nous expliquait les Écritures ?

Et ils s'en retournèrent aussitôt à Jérusalem pour raconter aux onze et à leurs compagnons ce qui leur était arrivé en chemin et comment Jésus s'était fait reconnaître en rompant le pain [1]. Le pain rompu avec les deux pèlerins, semblables à chacun de nous, dont la foi vacille mais non l'amour, trois jours après la Cène, et le jour même où il était apparu aux femmes devant le tombeau vide, constitue la première eucharistie partagée. C'est l'événement même qui va forger l'axe du monde.

La découverte du tombeau vide par les femmes, événement repérable pour l'historien, n'est pas une preuve pour lui, car il demeure susceptible de plusieurs interprétations ; et la vie de Jésus après sa mort sort des limites de l'espace et du temps qui sont pour l'historien son domaine ; mais *quelque chose est arrivé* : la certitude des femmes, les seules qui avaient espéré contre l'évidence ; ce que les disciples, et plus de « cinq cents de leurs frères » dit Paul, ont déclaré avoir vu ; l'éblouissement des pèlerins d'Emmaüs, ces inconnus de l'Histoire, nos frères, avant Paul sur un autre chemin, en Syrie. Cette certitude tranquille que la mort est surmontée appartient à l'Histoire puisque d'elle est né le Christianisme.

Ce que dit Paul dans une exclamation fameuse : « Si le Christ n'est pas ressuscité, alors vide est notre prédication et vaine notre foi. »

Le Christ de la foi appartient à l'exégèse et à tous, *le Jésus de l'Histoire* à tous et à l'historien. Jésus a existé. Ce qui n'est plus contesté par personne. Aux écrits de Tacite et Pline le Jeune et de l'historien Flavius Josèphe s'ajoutent les témoignages de Marc, Matthieu, Luc et Jean dont la valeur documentaire n'est plus non plus discutée. Jésus a vécu, agi, parlé, et est mort en Judée à un moment déterminé de l'Histoire – sous le préfet Ponce Pilate. L'existence et les fonctions de ce dernier sont confirmées par l'épigraphie depuis la découverte d'une inscription à Césarée en 1961.

Ce que les chrétiens appellent la Passion de Jésus comprend son procès, un procès hâtif et injuste, sa flagellation et ses humiliations, sa crucifixion, son ensevelissement et sa résurrection d'entre les morts. Le procès et la crucifixion sont du domaine de l'Histoire. C'est ce moment, le moment de l'histoire historique de Jésus (qui est en même temps le moment de son histoire eschatologique), dont j'ai voulu me faire le chroniqueur judiciaire, après d'autres, Joseph Blinzler, Jean Imbert, Peter Winter ou Simon Legasse [2], avec un sentiment profond et sincère d'indignité, mais en réponse à une nécessité intérieure.

Au cours des siècles, on a fait reposer la responsabilité de ce procès sur les Romains, puis sur les juifs, ensuite on a associé les Romains et les juifs dans l'opprobre, pour en charger à nouveau les juifs. Ce fut la meurtrière accusation de peuple déicide, formule qui remonte sans doute au IVe siècle. Nous allons constater que, si les juifs ont arrêté Jésus, c'est Pilate, le préfet romain, qui a formellement, selon le droit pénal romain, sans y être contraint, prononcé le jugement le condamnant et qui l'a fait crucifier selon le droit romain. Il subsiste cependant encore des restes de l'imputation faite au peuple juif d'être responsable collectivement de la crucifixion de Jésus. C'est elle qui a donné à l'antisémitisme et à ses suites criminelles une motivation certaine. Ceci a pu se nourrir de la manière avec laquelle on a lu certaines formules des Évangiles, même si Jean écrit : « Le salut viendra par les juifs », et surtout dans l'amplification donnée par la littérature patristique, celle des Pères de l'Église, à partir de la fin du IIIe siècle. *L'enseignement du mépris*, selon l'expression de Jules Isaac, est né de l'enseignement chrétien. De même que l'enseignement chrétien était le plus qualifié pour défaire – et il l'a fait – ce que l'enseignement chrétien avait fait, l'histoire judiciaire doit dire les responsabilités. Le peuple juif n'est pas plus responsable du procès romain, de la condamnation romaine et du supplice romain, quel qu'ait été le rôle initiateur des hiérarques juifs, que le peuple chrétien ne l'est du supplice de Jeanne d'Arc, condamnée, elle, par les grands prêtres et les scribes de son temps, à l'instigation de l'occupant anglais.

C'est bien à cette conviction que conduit une méthodique enquête historique du milieu dans lequel est apparu Jésus, du droit juif, du droit romain, des sources profanes, Tacite et Flavius Josèphe, et des Évangiles de ceux qui ont été personnellement ou de façon proche les auditeurs et les spectateurs de ce qu'ils rapportent qui peut autoriser le signataire de ces pages à oser écrire sur le procès de Jésus. Avoir parfois écrit et publié sur des procès ne donne aucun titre pour écrire et publier sur Jésus. Écrire sur Jésus c'est d'abord nécessairement paraphraser le Nouveau Testament dont Claudel dit : « Ce document respire. » Il respire et il parle de cette voix qui ne se confond avec aucune voix. « Une vie de Jésus, a écrit François Mauriac, il faudrait l'écrire à genoux [3]. » Plus encore la Passion de Jésus.

Mais cet événement, mineur au moment où il survient, appartient à l'histoire humaine car il est gros de développements qui relèvent de cette histoire et qui font la différence entre la Passion de Jésus et celle des deux brigands, sans doute des insurgés nationalistes, crucifiés avec lui. Cet événement est à la fois un déchirement et un commencement.

A l'Histoire appartient donc l'événement inscrit dans le calcaire de la pierre de Césarée, les témoignages des évangélistes, la perception qu'en eurent les premiers croyants et qui les mit en mouvement. Les gestes, les signes et les paroles de Jeshoua le Nazaréen (traduit en grec par Iezous et en français par Jésus) eurent lieu. Ils ont été rapportés par les premiers missionnaires à Jérusalem, à Antioche, à Corinthe et à Rome, avec les mots et les modes de pensée et d'écrire qui avaient cours chez leurs contemporains. Les récits évangéliques du procès de la mort de Jésus ont été intégrés dans la prédication relative au salut. Ce sont des catéchèses en forme de récits. Mais ce sont les récits de ce qui s'est effectivement passé sous Ponce Pilate.

Le *Credo* récité par les chrétiens depuis le IIe siècle, leur profession de foi, appelée aussi *Symbole des Apôtres*, du grec *symbolon*, à la fois signe de reconnaissance et recueil des principales vérités de foi, le plus ancien catéchisme romain [4], et le symbole dit de Nicée-Constantinople, plus explicite et plus détaillé, issu des deux premiers conciles œcuméniques (325 et 381), situent dans l'Histoire l'événement pascal. Ponce Pilate, le préfet romain (et non Kaïphe, le grand prêtre juif), est le seul personnage historique à être nommé dans le *Credo :*

> *... crucifié pour nous sous Ponce Pilate*
> *il souffrit sa Passion et fut mis au tombeau.*

Voici les pièces du dossier du procès du Crucifié tel qu'il nous est parvenu aujourd'hui, deux mille ans après la naissance de l'Accusé.

LES SOURCES

LES SOURCES PROFANES

Il n'y a pas de minute officielle du procès de Jésus. Le contraire serait surprenant, non seulement parce qu'il s'agissait d'un usurpateur mineur, prédicateur itinérant que ses propres autorités avaient dénoncé aux occupants romains comme séditieux, mais parce que nous ne possédons aucune minute d'aucun procès de l'Antiquité. Seuls les plaidoiries de Ciceron et de Démosthène nous fournissent des informations sur le déroulement des procès romains et grecs dans lesquels ils sont intervenus comme avocats. Mais il n'y avait pas d'avocat auprès de Jésus.

L'hypothèse envisagée par Justin, puis Tertullien [1], d'un rapport du préfet Pilate à Tibère pour rendre compte du procès d'un candidat à la royauté en Israël et de son exécution, conservé dans les archives impériales, est très improbable compte tenu de l'insignifiance de l'événement pour les autorités romaines. Les rapports de Pilate publiés plus tard sont tous de pieux apocryphes ou des faux diffamatoires grossiers [2].

La littérature juive est, de manière plus surprenante, presque muette. Nous avons une baraita, c'est-à-dire une tradition non incluse dans la Michna, le paragraphe 43-c du Traité sanhédrin du Talmud babylonien, qui est du IIe siècle, à une époque où déjà l'Église s'est séparée de la Synagogue judaïque et où le christianisme conquérant est en rivalité avec le judaïsme dont il procède :

« La tradition rapporte : la veille [du sabbat, et la veille] de la Pâque, on a pendu Jésus de Nazareth. Un héraut marcha devant lui quarante jours : il sera lapidé parce qu'il a pratiqué la magie et la subversion et a égaré Israël. Que tous ceux qui connaissent le moyen de justifier ses actes viennent et témoignent pour lui. Mais on ne trouva personne qui témoignât pour lui et ainsi on le pendit la veille de la Pâque. »

L'expression « pendre » doit être comprise comme une périphrase de la crucifixion de Jésus dont l'identification, parfois contestée, est certaine du fait de l'addition « le Nazaréen ».

Plus important est le passage fameux tiré des *Antiquités juives* de Flavius Josèphe. Cet ancien insurgé, prisonnier des Romains, devenu leur collaborateur, a écrit l'histoire de son peuple en deux livres incomparables pour connaître l'histoire d'Israël : *La Guerre des Juifs* et les *Antiquités juives*. Il y parle de Jésus dans des termes si favorables – et souvent exploités par les auteurs chrétiens – que le texte fut depuis considéré comme une interpolation d'un copiste zélé. Aujourd'hui, l'authenticité de ce texte ne pouvant plus être contestée, on suppose qu'il a fait l'objet de la glose d'une plume chrétienne. Ce n'est pas l'opinion de Jean Imbert [3] qui ne voit aucune raison de suspecter l'authenticité du texte. Ni celle de Joseph Blinzler [4]. Le dernier historien français du procès, Simon Legasse, penche pour une glose marginale sur les deux phrases que nous imprimons en italique [5], sans partager pour autant cette double réserve :

« En ce temps vivait Jésus, homme sage, *si toutefois il faut l'appeler homme*. Il accomplissait en effet des choses merveilleuses, il enseignait les hommes qui reçoivent la vérité avec joie et il entraîna à sa suite beaucoup de juifs et beaucoup d'hellènes. *Celui-ci était le Christ*. Et quand, sur la dénonciation des principaux de notre nation, Pilate l'eut condamné à la croix, ceux qui l'avaient aimé au début lui gardèrent leur affection ; il leur apparut en effet le troisième jour, de nouveau vivant, comme les divins prophètes l'avaient annoncé, ainsi que mille autres merveilles à son sujet. Jusqu'à ce jour encore subsiste la race des chrétiens ainsi nommés à cause de lui [6]. »

Cette phrase est importante car elle attribue à Pilate la décision formelle de condamner Jésus à mort même si l'initiative de la procédure provient bien des « premiers » de la nation juive, c'est-à-dire des grands prêtres.

Quelques années après Flavius Josèphe, Tacite, dans ses

Annales écrites vers 108, retrace l'incendie de Rome sous le règne de Néron et signale en incidence, à propos des représailles dont cet incendie fut l'occasion contre les chrétiens, la condamnation de Jésus : « Aucun moyen humain, aucune largesse du prince, aucun rite destiné à apaiser les dieux ne pouvaient éloigner la rumeur infamante selon laquelle l'incendie avait été allumé sur ordre. Aussi, pour étouffer ce bruit, Néron supposa des accusés et frappa des peines les plus raffinées les gens, détestés à cause de leurs mœurs criminelles, que la foule appelait " chrétiens ". Celui qui est à l'origine de ce nom est Christ, qui, sous le règne de Tibère, avait été condamné à mort par le procurateur Ponce Pilate ; réprimée sur le moment, cette exécrable superstition faisait sa réapparition, non seulement en Judée, où se trouvait l'origine de ce fléau, mais aussi à Rome où tout ce qui est, partout, abominable et infâme vient aboutir et se répand. Donc, on arrêta d'abord ceux qui avouaient, puis, sur leur dénonciation, une foule immense, qui fut condamnée, moins pour crime d'incendie que pour sa haine du genre humain. Leur exécution fut transformée en jeu : on les revêtit de peaux de bêtes et ils périrent sous la morsure des chiens, ou bien on y mit le feu pour que, lorsque le jour baissait, ils brûlent et servent d'éclairage nocturne. Néron avait prêté ses jardins pour ce spectacle, et il donnait des jeux de cirque en habit d'aurige, mêlé à la plèbe, ou debout sur un char. Aussi, à l'égard de ces hommes coupables et qui méritaient les derniers supplices, montait une sorte de pitié à la pensée que ce n'était pas pour l'intérêt de tous mais pour satisfaire la cruauté d'un seul qu'ils périssaient [7]. »

Se trouvent ainsi confirmées l'existence de Pilate et la sentence de mort. Tacite n'ajoute rien à Josèphe. Mais il est important de noter qu'il ne met pas en cause comme ce dernier l'intervention des juifs, alors que son hostilité et son mépris pour eux sont patents.

Le dernier des documents profanes est une curieuse lettre, publiée pour la première fois en 1855, qu'un stoïcien, Mara Bar Sirapion, écrit à son fils, étudiant à Édesse. La datation en est incertaine et les experts la font évoluer de 73, après la destruction du Temple et l'anéantissement d'une partie de la population ou son exil, à 160 après J.-C. Voici les phrases de cette lettre qui intéresse le biographe :

« Quel profit avaient les Athéniens à faire mourir Socrate,

meurtre qu'ils payèrent de la famine et de la peste ? Ou bien les Samnites à brûler Pythagore, puisque leur pays fut en un instant enseveli sous les sables ? Ou les juifs à exécuter leur roi sage, puisqu'ils furent dès lors spoliés de leur royaume ? Car un Dieu juste vengea la mort de ces trois sages. Les Athéniens moururent de faim, les Samnites furent submergés par la mer, les juifs périrent ou furent bannis et vécurent dispersés. Si Socrate n'est pas mort, c'est grâce à Platon ; Pythagore grâce à la statue d'Héra ; le roi sage grâce aux lois qu'il a promulguées [8]. »

Le roi sage est le roi des juifs, Jésus de Nazareth. La responsabilité pour ce Syrien de son exécution est exclusivement celle des juifs.

De ces documents, les *Antiquités juives* de Flavius Josèphe, les *Annales* de Tacite, la lettre de Mara Bar Saparion et le *Talmud de Babylone*, on peut conclure : Jésus a bien existé ; il a été crucifié après une condamnation à mort prononcée par Pilate ; les chefs juifs ont participé à cette action judiciaire.

LES ÉVANGILES

Pour connaître le déroulement du procès de Jésus, il faut recourir aux Évangiles. Aux Évangiles dits *canoniques*, c'est-à-dire les Évangiles officiellement reconnus par les Églises chrétiennes comme inspirés par Dieu. Les *Évangiles apocryphes*, (soustraits au regard), et qui sont postérieurs au Ier siècle, n'apportent que peu d'éléments sur la Passion, avec une évidente tendance à aggraver la responsabilité juive dans l'affaire. Ils reflètent la théologie populaire du temps et sont notamment à l'origine des récits de l'enfance. Les *Actes des Apôtres* qui racontent leurs voyages et leurs miracles ne comportent également que peu d'informations. Paul, qui fait du supplice de Jésus le cœur de sa théologie, ne donne aucune précision non plus sur le procès et la crucifixion. Mais dans sa première lettre à Timothée, Paul (dont, pour des raisons de critique interne, tenant notamment au style et au vocabulaire, on a parfois contesté l'authenticité) rappelle le « beau témoignage devant Ponce Pilate [9] ». Ce qui est bien attribuer la responsabilité judiciaire du procès romain au préfet Pilate. Et Festus, l'un des successeurs de Pilate à Césarée, témoigne à sa manière de ce que l'affirmation théologique, *Jésus, bien qu'il soit mort sur la Croix, est toujours vivant*, est le cœur de la foi chrétienne, puisqu'il dit au roi Hérode Agrippa et à sa sœur Bérénice – à propos de Paul qu'il garde prisonnier –, que ses accusateurs, « les grands prêtres et les anciens des juifs », en avaient après lui « concernant un certain Jésus, qui est mort et que Paul affirme vivant [10] ». Ce sont donc bien les Évangiles qui constituent la source principale du dossier historique du procès de Jésus.

Ce qui conduit à poser la question de l'histoire des Évangiles, de leur datation, de leur transmission et, avant tout, de leur valeur historique ; par conséquent, de leur rapport avec les communautés primitives auxquelles cette « bonne nouvelle » s'adressait. Il est admis que la tradition narrative portant sur la Passion s'est constituée progressivement dans un milieu naturel et culturel donné, et, comme il a été montré par Xavier Léon-Dufour [11], Pierre Grelot [12], Charles Perrot [13], pour ne citer que des exégètes français, en vue de *communiquer*, de *faire naître ou de confirmer la foi*. Les circonstances du procès et du supplice ne sont évoquées, avec une extraordinaire sobriété d'expression et sans aucune intention édifiante, par les évangélistes qu'en raison de l'importance unique de cette mort pour la foi [14]. Nous constaterons seulement que l'Évangile de Marc, vraisemblablement le plus ancien, est le meilleur témoin de la tradition concernant le procès et la crucifixion de Jésus telle qu'elle avait été recueillie auprès des témoins directs ou indirects à Jérusalem, ou dans les premières communautés de Palestine (Annexe II).

Les derniers jours de Jésus, du dimanche des Rameaux au vendredi saint, sont rapportés par Marc, Matthieu et Luc presque de la même manière et dans des termes très proches. Jean est très sensiblement différent. Un concordisme édifiant est illusoire. Mais les événements se suivent heure par heure : l'entrée dans Jérusalem, le complot des grands prêtres contre Jésus, le repas pris en commun le jeudi avec les douze disciples, la Cène, la trahison de Judas, l'agonie à Gethsémani, l'arrestation, la comparution devant les autorités juives, le reniement de Pierre, l'audience devant Pilate, à l'aube du vendredi, le détour devant Hérode, le retour devant Pilate, les manifestations provoquées de la foule en faveur de Barabbas, le jugement de condamnation de Jésus par Pilate, le chemin de Croix, la crucifixion et la Croix, l'ensevelissement, le tombeau vide au jour de Pâques.

La relation est suivie. Les différences et les ajouts supplémentaires à Marc par Matthieu et Luc ne sont pas discordants. L'événement est là, raconté, manifeste. Ceux qui ont assisté à la réapparition de leur maître, à sa résurrection, ont naturellement voulu que le plus grand nombre puisse profiter de cette bonne nouvelle.

Sept semaines à peine après la mort de Jésus, le jour de la Pentecôte, comme ils étaient tous ensemble dans un même lieu à Jérusalem, Pierre s'adresse aux juifs qui se trouvaient dans la ville, mais aussi aux Parthes, aux Phrygiens, aux Égyptiens, aux Libyens, aux Romains en résidence, aux Crétois et aux Arabes, pour dire aux premiers que Jésus le Nazaréen, qu'ils avaient livré « et [qu'ils avaient] supprimé en le faisant clouer par des mains iniques est ressuscité et il est le Messie [15] ». C'est ce jour-là que s'inaugure la prédication publique de l'Église. C'est à l'intérieur de cette prédication missionnaire que les récits évangélistes ont pris corps. Les apôtres et le premier converti, Paul de Tarse, tout naturellement citent les paroles de celui qui est désormais leur maître, ses libertés avec la Loi que cependant il invitait à respecter, son enseignement de l'amour, et répondent aux questions des nouveaux convertis sur ses gestes, ses miracles et sa passion.

Rappelons que ce sont des juifs parlant à des juifs et participant au culte dans le Temple. Être chrétien n'empêche pas d'être juif [16]. Le propre des chrétiens est de se réunir entre eux dans leur maison, et plus particulièrement après la clôture du sabbat, dans la nuit du samedi à dimanche, pour un repas fraternel qui s'achève par une bénédiction eucharistique du pain et du vin à l'image du dernier repas de Jésus avec ses disciples. C'est ainsi que Paul rappelle aux chrétiens de Corinthe ce que Jésus avait accompli le soir du jeudi ; ce récit de la Cène qui constitue l'Eucharistie aujourd'hui est antérieur à la rédaction de l'Évangile dans lequel il sera intégré : « Moi, j'ai reçu du Seigneur et vous ai transmis que le Seigneur Jésus, la nuit où il fut livré, prit du pain, rendit grâces, le rompit et dit : c'est mon corps qui est pour vous, faites cela en mémoire de moi. De même après le dîner, il prit ainsi la coupe et dit : cette coupe est la nouvelle alliance en mon sang; chaque fois que vous boirez, faites cela en mémoire de moi [17]. »

C'est dans le cadre de ces prières communautaires et de ce culte partagé que se sont élaborés les récits évangéliques; et qu'ils ont été transmis tels, dans le souci qu'exprime Paul de « transmettre ce qu'il avait lui-même reçu [18] ». Cette transmission était orale. Ce qui n'en altère pas la qualité. Raconter une histoire, ce n'est pas l'inventer. Mais ce qui explique qu'un même événement ait pu être à l'origine de récits qui diffèrent, comme la pêche miraculeuse [19] ou l'accueil de la brebis perdue [20]. Puis il y eut le moment où se fit le passage de la parole à l'écrit. Ce sont d'abord des épîtres, des lettres; celles de Paul principalement. Ensuite, sans doute des recueils de paroles de Jésus, des *logia*, et des récits pour aider à la catéchèse au fur et à mesure que la prédication s'éloignait dans le temps et l'espace de l'événement fondateur. Ce sont sans doute, estime Michel Quesnel, les récits de la Passion et de la Résurrection qui ont été les plus anciennement rédigés [21]; ils étaient naturellement liés à la célébration de la pâque.

Mais force est de constater que, entre les recueils primitifs et les quatre Évangiles achevés que nous possédons, la nature des premiers recueils et les étapes de la transformation jusqu'à leur mise en forme demeurent le champ des hypothèses les plus variées. Il semble bien cependant que l'on puisse situer l'Évangile de Marc, ainsi que nous l'avons déjà indiqué, comme le premier dans le temps; Marc n'avait pas été un des disciples; il était encore jeune à la mort de Jésus; c'est auprès de sa mère Marie que Jean, surnommé Marc [22], fut associé aux réunions de prières de la toute jeune communauté chrétienne. Il a tout juste vingt ans quand il part avec Paul et Barnabé pour un premier voyage d'évangélisation en Asie Mineure dans les années 45; il les abandonne en cours de route; puis repart avec Barnabé avec l'an 50. On le retrouve à Rome avec Pierre et Paul dans les années 62-63 avant le martyre de Paul et Pierre en 64 ou 67. On ne sait pas à quel moment Jean-Marc prit la décision de mettre par écrit le récit des événements dont la jeune Église, alors déjà persécutée, tirait son origine. Son récit exprime une pensée théologique très élaborée dans un vocabulaire de tous les jours [23].

Les analyses linguistiques et mathématiques, et depuis informatiques faites sur les Évangiles établissent que ceux que l'on dit synoptiques, puisqu'ils présentent sur une trame commune de nombreuses ressemblances, ont effectivement entre eux des analogies frappantes venant du fait que Matthieu et Luc ont utilisé l'Évangile de Marc. Ils y ont ajouté des épisodes ou des détails qui les ont frappés ou dont ils ont été personnellement informés, comme la comparution de Jésus devant Hérode Antipas. Les variations s'expliquent, par ailleurs, par leurs propres déterminations théologiques, pastorales et littéraires, et par les communautés qui sont les leurs. Par celles aussi auxquelles ils s'adressent : pour Marc probablement des chrétiens d'origine païenne, et sans doute à Rome, car il donne des précisions géographiques et insiste sur l'universalité du message de Jésus, des croyants venus du judaïsme ou des juifs qu'il essaie de convaincre ; pour Matthieu, par ses références fréquentes à l'Ancien Testament, pour montrer que tout s'est accompli selon les Écritures. Il est au moins aussi important de relever, avec Jacques Duquesne, que bien des passages des Évangiles synoptiques sont les mêmes : sur les mille soixante-huit versets de l'Évangile de Matthieu, six cents environ sont les mêmes que chez Marc ; sur les mille cent quarante-neuf versets de l'Évangile de Luc, trois cent cinquante sont semblables à ceux de Marc ; Matthieu et Luc ont en commun deux cent trente-trois versets.

Sur la rédaction des Évangiles, nous avons le témoignage de Papias, évêque de Hiérapolis vers l'an 120, conservé par Eusèbe de Césarée, et celui d'Irénée, évêque de Lyon, vers 200. Tous deux indiquent que l'Évangile de Matthieu, qui nous a été transmis en grec comme les trois autres, aurait été écrit en langue sémitique – et plus vraisemblablement en araméen qu'en hébreu –, en Israël.

« Marc, qui avait été interprète de Pierre, écrivit exactement tout ce dont il se souvint, mais non dans l'ordre, de ce que le Seigneur avait dit et fait. Car il n'avait pas entendu le Seigneur et n'avait pas été son disciple, mais, bien plus tard, comme je le disais, celui de Pierre. Celui-ci donnait son enseignement selon les besoins, sans se proposer de mettre en ordre les paroles du Seigneur, de sorte que Marc ne fut pas en faute, ayant écrit certaines choses selon qu'il se les rappelait. Il ne se souciait que d'une chose : ne rien omettre de ce qu'il avait entendu et ne rien rapporter que de véritable. Matthieu réunit en langue hébraïque les logia [les oracles de Jésus] et chacun les interpréta comme il en était capable [24]. »

« Ainsi Matthieu publia-t-il dans leur propre langue, une forme écrite d'Évangile, à l'époque où Pierre et Paul évangélisaient Rome et y fondaient l'Église. Après la mort de ces derniers, Marc, le disciple et l'interprète de Pierre, nous transmit, lui aussi par écrit, ce que prêchait Pierre. De son côté, Luc, le compagnon de Paul, consigna en un livre l'Évangile que prêchait celui-ci. Puis Jean, le disciple du Seigneur, celui-là même qui avait reposé sur sa poitrine, publia lui aussi l'Évangile, tandis qu'il séjournait à Éphèse, en Asie [25]. »

Ainsi, très tôt, on fut conscient de ce que chaque évangéliste avait composé un témoignage qui lui était propre ; selon sa personnalité et son expérience, ses informations, son style et la communauté à laquelle il s'adressait, il choisissait les paroles, les gestes, les signes et les organisait. Il n'est donc pas surprenant qu'ils ne disent pas tous la même chose. Même lorsqu'il s'agit de la Passion, qui est la fin de ces récits, la remarque vaut devant les quatre comptes rendus de la mort de Jésus par chacun des évangélistes [26] : Matthieu et Marc sont très proches ; Luc est le seul à rapporter le dialogue entre Jésus et le bon larron ; le seul aussi à évoquer le repentir du public s'en retournant chez lui en se frappant la poitrine ; Jean, de son côté, est le seul à mentionner la présence de Marie, mère de Jésus, parmi les femmes qui sont présentes. Il s'agit de quatre témoignages sur un même événement et une même personne, une seule bonne nouvelle entendue de façon différente et complémentaire.

Tout récit est une création littéraire, non seulement par le style qui est l'homme même, mais par la sélection des événements. Comme tout historien du procès et de la mort de Jésus est lui aussi un auteur qui écrit une histoire avec sa propre histoire. Mais cette conscience de la déformation littéraire et catéchiste de l'œuvre est aujourd'hui clairement perçue ; et, par réaction, on en arrive en même temps à méconnaître que les variations de la rédaction sont faibles. Les évangélistes ne pouvaient raconter n'importe quoi : des milliers de personnes vivantes gardaient le souvenir des faits, gestes et paroles de Jésus.

On ne peut attacher beaucoup de crédit aux hypothèses

des linguistes et stylistes qui croient voir des gloses et des interpolations dans les Évangiles. Certes, les originaux sont perdus ; nous possédons des copies de copies. Mais ils remontent pour les plus anciens, complets, au IVe siècle, le *Sinaïticus* (au British Museum de Londres) et le *Vaticanus* (à la Bibliothèque Vaticane), et par fragments jusqu'à la fin du IIe siècle. C'est une communication privilégiée par rapport aux auteurs profanes dont personne n'imaginerait de soutenir qu'ils ont été l'objet de modifications ou d'interpolations majeures. L'établissement du texte du Nouveau Testament s'appuie en effet sur cent huit fragments de papyrus, datant du IIe au IVe siècle, deux cent soixante-quatorze manuscrits grecs en lettres majuscules, datant du IVe au IXe siècle, et de mille sept cent soixante-dix manuscrits en écriture minuscule du XIe au XVe siècle. Cette situation garantit la fidélité de transmission manuscrite et montre la diffusion rapide des textes dans le monde méditerranéen. Dans le même temps nous ne possédons aucun manuscrit d'auteurs qui soient aussi anciens : six siècles séparent Virgile des plus anciens manuscrits, treize siècles Platon, et seize siècle Euripide. Les Évangiles disponibles sont donc plus proches des originaux qu'aucune des œuvres de Virgile, Platon et Euripide. Les risques de déformation et d'altération sont donc moindres, et ils nous parviennent dans un meilleur état que les œuvres incomplètes de Cicéron ou d'Aristote.

Se pose alors la question controversée de la datation des Évangiles. La datation officielle est que Marc écrit aux environs de 70, mais probablement après la destruction du Temple en 70, Luc dans les années 80, tout comme Matthieu et Jean dans les années 90. Cette thèse canonique est défendue par Pierre Grelot dans deux ouvrages polémiques contre le Pr Claude Tresmontant [27] et le père Jean Carmignac [28]. Mgr A.T. Robinson [29], qui a soulevé le premier l'hypothèse que tous les livres néo-testamentaires se situent avant 70, avant la chute de Jérusalem et la destruction du Temple, présente des omissions impressionnantes :

– L'absence de toute allusion à la persécution des chrétiens par Néron en 64 qui devait entraîner les martyres de Pierre et Paul,

– et, surtout, l'absence de toute référence claire et sans équivoque à la ruine de Jérusalem en 70, accomplissant la prophétie reprochée à Jésus en 30. Pourquoi le style prophétique pour annoncer dans les Évangiles la destruction du Temple... si les textes furent écrits après les faits ?

Pourquoi les apôtres ayant commencé à prêcher la bonne nouvelle au lendemain de la Pentecôte en 30 auraient-ils attendu plusieurs dizaines d'années pour mettre par écrit leurs prédications ? Israël, rappelons-le, est un pays de civilisation écrite. L'hypothèse d'une brève transmission orale et d'une rapide mise par écrit, en hébreu, des récits ou des paroles de Jésus, peu de temps après les faits, pour être ensuite traduits en grec, vers 60-65, et répondre à la demande des nouveaux chrétiens venant du monde romain et grec, trouve de solides fondements dans l'examen des textes grecs et leur rétroversion en hébreu. Tresmontant et Carmignac, poursuivant dans cette voie à partir de la langue des Évangiles, ont relevé un nombre si élevé de sémitismes qu'ils en ont conclu à des versions originales de tous les Évangiles en hébreu, sinon en araméen, suivies ensuite de leurs traductions et adaptations en grec pour employer la langue commune sur le pourtour de la Méditerranée. Les conclusions de Mgr Robinson, Tresmontant et Carmignac sont que Matthieu a écrit avant 36, Jean avant 40, Luc entre 40 et 50 et Marc entre 40 et 60, à partir de notes prises peu de temps après, même parfois pendant l'événement.

Alors que la déformation affirmée des récits était attribuée à leur rédaction tardive, le rapprochement opéré avec les événements dont les Évangiles seraient immédiatement issus volatilise l'explication selon laquelle ils auraient été la « production » des premières communautés chrétiennes qui auraient ensuite mis tardivement par écrit en grec ces traditions orales anonymes. La tradition a certainement transmis des paroles et des récits isolés, des logia, comme l'Évangile de Thomas découvert en 1948 semble le montrer. Mais les auteurs des Évangiles sont des auteurs et des témoins, ou les témoins de témoins. Ils témoignent, ils enseignent, ils prêchent et ils crient, car ce ne sont pas des greffiers mais des écrivains inspirés par l'événement.

L'« événement » est mal traduit par l'expression de « Nouveau Testament » qui atténue l'information originelle ; l'expression française Nouveau Testament est la décalque de l'expression latine *novum testamentum* qui traduit l'expression grecque *kainé diatléké*, laquelle traduit l'expression hébraïque *bérit hadarchal*, qui signifie *la nouvelle alliance*. Charles Perrot, sans se rallier à la thèse des Évangiles originaux en hébreu, constate que l'étude linguistique permet de discerner des tournures araméennes et des procédés de style proches de la langue orale de Palestine dans les Évangiles. Ainsi la construction étrange des paroles de la Cène, littéralement : « *Ceci est le sang de moi de l'Alliance* », qui n'est ni grec ni sémitique, serait une construction araméenne [30].

Cette datation des Évangiles, de beaucoup antérieure à la datation convenue traditionnellement, apparaît comme la plus probable. Ce rapprochement opéré dans le temps et une meilleure connaissance des différentes couches évangéliques de frappe gréco-sémitique et araméenne permettent de mieux ancrer les Évangiles dans l'historicité. Une histoire qui s'écrit chez Marc au présent historique et non au temps de l'« autrefois », c'est-à-dire à l'aoriste. Mille cent cinquante et une formules montrent que Marc ne parle jamais de Jésus au passé ; mais le représente dans l'actualisation de sa présence et comme celui qui réunit, parle et agit maintenant. L'anamnèse fait surgir le passé du présent et dans le présent. C'est dans le Christ de la foi que le Jésus de l'Histoire prend vie. L'Évangile a été écrit pour que sa *présence continuée* soit assurée à l'heure où la deuxième génération chrétienne voit disparaître les témoins de l'événement résumé d'un mot par l'ange du tombeau ouvert : « Jésus le crucifié, il est ressuscité [31]. »

Luc écrit à Théophile, le destinataire de son Évangile : « ... [pour que] tu puisses constater la solidité des enseignements que tu as reçus [32]. » Et Jean dit que tout n'a pas été rappelé : « Jésus a fait bien d'autres choses encore qui ne sont pas écrites dans ce livre [33]. » Le récit événementiel de la Passion – le procès, la mort et l'outre-mort de Jésus – qui authentifie ses paroles antérieures est notre meilleure et presque unique source pour connaître ce procès et cette exécution. Mais pour ceux qui racontent, il est indissociable de la signification de ces événements inscrits dans la coulée de l'Histoire. Si nous avons tenté d'écrire au plus près à partir des informations que nous possédons aujourd'hui et dans le cadre de ce que nous savons sur le droit juif et le droit romain, sur la société juive au temps de Jésus, tenté de comprendre le mieux possible ce qui s'est passé sous Ponce Pilate, c'est en pleine conscience que le Jésus de l'Histoire prend littéralement vie dans le Jésus de la Foi, et que la plus grande erreur historienne [34] serait de les séparer radicalement.

L'événement pascal et l'interprétation évangélique sont unis substantiellement. Il n'y a pas de faits judiciaires et pénitentiaires bruts. Les Évangiles ne nous livrent jamais de l'histoire judiciaire et pénitentiaire toute faite. L'interprétation est sous-jacente aux récits. Ce qui ne signifie pas que la chronique judiciaire confonde histoire et apostolat, mémoire et interprétation. Mais il n'y a pas d'histoire sans interprétation. Et cette interprétation ouvre elle-même à une interprétation. Il n'y a jamais, en effet, identité entre l'histoire représentée littéralement dans un texte narratif et ce qui est ou serait advenu concrètement dans le passé. Cet intervalle est un abîme quand il s'agit de porter un regard historique et critique sur un texte révélé traitant d'un événement qui est objet de foi. C'est pourquoi, avec Pierre Grelot, je reprends une suggestion de Jean Guitton de distinguer l' « historique » et l' « historial ». Le premier terme, *historique*, repère les éléments constatés empiriquement ou, du moins, rationnellement, déductibles de la documentation ; le second, *historial*, s'applique à toute réflexion interprétative de l'histoire humaine comme réalisation du dessein de Dieu [35]. L'aspect historique de la Passion, c'est la mort de Jésus un vendredi après-midi, sur le Golgotha, entre deux brigands crucifiés, avec un écriteau le désignant comme « roi des juifs » ; l'aspect historial est qu'il soit mort pour nos péchés. L'aspect historial de Pâques c'est la résurrection de Jésus ; l'aspect historique c'est que des témoins l'aient vu se manifester en gloire.

Cette distinction que nous nous efforcerons de suivre dans le texte que l'on va lire ne pouvait être le fait des évangélistes qui ne relataient l'enseignement et la vie de Jésus que pour donner à l'Église naissante le fondement de la foi et des mœurs chrétiennes, et non d'abord pour conserver la mémoire de cet enseignement et de cette vie. L'Évangile, comme le reconnaît désormais le Magistère, par l'encyclique de Pie XII « *Divino Afflante Spiritu* », l'instruction *Sancta Maria Ecclesia* et la constitution *Dei Verbum*, est une prédiction adressée à l'Église, même dans ses parties narratives.

Le mot même d'Évangile nous éclaire : avant d'en arriver à désigner des écrits ayant pour auteurs Marc, Matthieu, Luc et Jean, le mot signifiait prédication ou proclamation. Le mot français évangile est la décalque du mot grec *euaggelion* qui est la traduction de l'hébreu *besôrah* qui signifie l'annonce, souvent une bonne annonce. C'est dans ce sens qu'il faut comprendre le début du livre de Marc : « Commencement de l'Évangile de Jésus-Christ, fils de Dieu. » Ce n'est pas le titre du livret lui-même. Il s'agit de la Bonne Nouvelle prêchée. Les manuscrits anciens conservent ce sens : il y avait l'Évangile *selon* Marc, *selon* Matthieu, *selon* Luc, *selon* Jean et non *de* Marc... La prédication est un genre littéraire qui a pour fonction de provoquer et de conserver la foi chez des hommes qui l'entendent. C'est ce que dit Paul aux Corinthiens, alors que les Évangiles ne sont pas, semble-t-il, encore composés en tant qu'écrits. Il évoque un fait observable, la mort de Jésus, et fait la liste de ceux auxquels le Christ *s'est fait voir* (verbe passif avec un complément inhabituel au datif), fait essentiel et complémentaire de la foi chrétienne :

« Je vous rappelle, frères, l'*Évangile* que je vous ai annoncé, que vous avez *reçu* et dans lequel vous serez sauvés, si vous retenez de quelle façon je vous l'ai annoncé, sinon vous auriez cru en vain. Je vous ai donc *transmis* en premier lieu ce que j'avais moi-même *reçu*, à savoir, que Christ est mort pour nos péchés conformément aux Écritures, qu'il a été enseveli, qu'il est ressuscité le troisième jour conformément aux Écritures, qu'il s'est fait voir [36]... »

Recevoir les Évangiles, dans le rapport étroit avec la tradition orale et littéraire du moment, dans l'effort missionnaire et catéchétique dans lequel ils s'inscrivent, et dans la compréhension des connexions littéraires et existentielles de tout texte par rapport aux complexes linguistiques et culturels du temps, est une exigence historique [37]. Mais cette exigence est aussi l'expression, pour le chrétien, d'une attitude globale [38] où la personne humaine engage sa liberté avec toutes ses facultés pour répondre à Dieu qui lui parle : « La vie éternelle, c'est qu'ils *te connaissent* [39]. » Cette connaissance est la connaissance concrète de Jésus de Nazareth, le Jésus de l'Histoire, en même temps que sa reconnaissance comme fils de Dieu, Christ de la Foi.

1

L'arrestation

Le récit du procès et de l'exécution de Jésus – que les chrétiens nomment la Passion – débute chez les quatre évangélistes par l'épisode de son arrestation au jardin des Oliviers, dans la nuit du jeudi au vendredi, par les chefs religieux escortés d'hommes armés. Jésus a été dénoncé et identifié par l'un de ses disciples, Judas, comme il l'avait annoncé au début de la nuit au cours du repas pris en commun : « L'un de vous me trahira [1]. »

La scène se situe dans « un domaine appelé Gethsémani [2] », ce qui, en hébreu et en araméen, veut dire « pressoir à huile », et qui est situé sur les premières pentes du mont des Oliviers, à l'est de la ville. Jean indique qu'il s'agit d'un jardin [3]. Donc, d'une oliveraie où on a installé un pressoir à huile. Luc précise que Jésus est allé au mont des Oliviers avec ses disciples « comme d'habitude [4] ». Il y venait après avoir prêché au Temple, pour prier. Jean ajoute une précision topographique : au-delà du torrent du Cédron [5]. Ainsi Judas connaissait-il le lieu où retrouver Jésus.

En chemin vers le mont de Oliviers, après avoir partagé avec ses disciples le repas de la pâque juive, fondé l'eucharistie en rompant le pain qu'il a béni et donné à ses disciples en disant : « Prenez et mangez, car ceci est mon corps » – ce que bien évidemment ils n'ont pas compris [6] –, Jésus parle : « Je suis la vigne véritable et mon père le vigneron... vous êtes les sarments [7]. » Dans le récit de Jean, c'est le plus long discours, le dernier aussi, qui adresse un commandement nouveau à ses disciples et, par eux, à tous : « Mon commandement est que vous vous aimiez les uns et les autres comme je vous ai aimés. Personne n'a de plus grand amour que de donner sa vie pour ses amis [8]. » Là aussi ils n'auront pas compris que Jésus accepte l'éventualité de l'humiliation, des souffrances et de la mort même. Mais leur cœur est lourd.

Ils pressentent qu'approche cette fin que leur maître a annoncé par trois fois, et aussi les persécutions dont ils souffriront à cause de lui : « On vous livrera aux sanhédrins, vous serez battus dans les synagogues, et, à cause de moi, vous comparaîtrez devant des gouverneurs et des rois. » Oui, il leur a dit trois fois : « Le fils de l'homme doit beaucoup souffrir, être rejeté par les anciens, les grands prêtres et les scribes, être tué [9]... » Il a ajouté aussi, chaque fois, cette phrase incompréhensible : « Et trois jours après, il ressuscitera. » Ils ne peuvent imaginer la mort ignominieuse de celui qu'ils nomment Seigneur, ni, bien évidemment, malgré la guérison de Lazare, né deux fois aux promesses du monde, concevoir sa résurrection. Mais la résurrection d'entre les morts les étonne moins que l'annonce de la passion et la perspective d'un échec humain. Ils sont en cet instant, d'où leur trouble angoisse, à la fois sous l'impression du moment unique où Jésus transfiguré leur a dit que le pain partagé et le vin bu en commun étaient son corps et son sang, et dans la crainte.

Dans la crainte, car ils savent que la gloire de l'entrée triomphale du Messie à Jérusalem, acclamé par la multitude, salué par les rameaux brandis, est derrière eux. La déception et le désenchantement sont venus très vite. Ceux qui sont les « élus de Dieu » n'ont pas voulu de lui puisqu'il n'a pas apporté la royauté annoncée. La méfiance des chefs autorisés des Juifs – ceux que les

Évangiles nomment « les grands prêtres, les scribes et les anciens » – s'est transformée en hostilité, leur inquiétude en haine.

En vain des scribes venus de Jérusalem avaient-ils tenté de faire se fourvoyer Jésus pendant qu'il prêchait en Galilée [10]. Les princes des prêtres [11], les hérodiens [12], les sadducéens [13] et les pharisiens [14] s'étaient relayés pour tenter de le prendre en défaut. Ils avaient cependant décidé de le perdre [15], surtout après qu'il eut chassé les marchands du Temple et menacé ainsi leurs émoluments et leur autorité. Même si les disciples ne savent pas la résolution prise en secret de s'emparer de lui et de le tuer [16], ils ont nécessairement tremblé pour leur maître et pour eux-mêmes en entendant ce dernier dans le Temple, l'avant-veille, dire : « Malheur à vous, scribes et pharisiens ! comédiens, qui vous faites pareils à des sépulcres blanchis [17]. »

Arrivé avec ses disciples à Gethsémani, dans le jardin des Oliviers, Jésus leur dit : « Asseyez-vous ici pendant que je vais prier [18]. » Il s'éloigne d'eux à « la distance d'un jet de pierre [19] ». Il garde avec lui Pierre, Jacques et Jean. Avant que les disciples, accablés de tristesse, de crainte et des fatigues du jour s'endorment, sans doute ont-ils continué à penser à cet événement incompréhensible et bouleversant qui a eu lieu à la fin du repas pascal et que rapportent Luc, Marc et Matthieu : « Prenant du pain, il rendit grâce, le rompit et leur donna et dit : c'est mon corps, qui est donné pour vous ; faites cela en mémoire de moi. Et de même pour la coupe, après le dîner, il dit : cette coupe est la Nouvelle Alliance en mon sang qui est répandu pour vous [20]. » Paul reprendra ces paroles dans une lettre aux Corinthiens : « Toutes les fois que vous mangez ce pain et que vous buvez cette coupe, vous annoncez la mort du Seigneur jusqu'à ce qu'il vienne. » Ce sont au présent les paroles de la Nouvelle Alliance en ce jeudi de Pâques qui, pour les juifs présents à Jérusalem comme pour tous ceux de la diaspora, commémorent l'alliance de Yahvé avec son peuple au temps de l'exil en Égypte [21]. Puis ils se sont endormis sans entendre ce testament qui va être scellé quelques heures plus tard sur le Golgotha mais qu'ils comprendront après la Pentecôte : « Petits-enfants, je ne suis plus pour longtemps avec vous... Tous sauront que vous êtes mes disciples si vous avez de l'amour les uns pour les autres... » « Je vous laisse la paix, je vous donne ma paix. Je ne vous la donne pas comme le monde la donne. Que votre cœur ne se trouble pas et ne s'effraie pas [22]. »

Ce ne sont pas seulement les disciples qui se sont éloignés d'un jet de pierre, qui se sont endormis, mais aussi Pierre, Jean et Jacques qu'il avait choisis ce soir-là pour l'accompagner. Jésus est seul alors que la Passion commence avec cette agonie humaine qui est la prévision de la souffrance et de la mort. Trois fois il les réveille ; trois fois ils défaillent. Dans un court instant de lucidité avant de retomber dans le sommeil, ils verront Jésus ruisseler de sueur et de sang, rapporte Luc [23], et dire, selon Marc : « Abba, Père, tout est possible, écarte de moi cette coupe. Cependant, non pas ce que je veux, mais ce que tu veux [24]. » Abba, en araméen, comporte cette nuance de familiarité qui rapproche plus l'interpellation de papa que de père. Selon Matthieu : « Mon Père, si cette coupe ne peut passer sans que je la boive, que ta volonté soit faite [25]. » Cette coupe succède à celle qu'il a partagée dans l'eucharistie quelques heures auparavant, et elle précède et annonce le calice dans lequel sera recueilli son sang sur la Croix après qu'un soldat aura percé son cœur d'un coup de lance pour s'assurer de sa mort. L'heure est arrivée du moment irréversible :

– Levez-vous ! Allons ! Voilà que celui qui me livre approche [26].

Judas Iscariote arrive. « L'un des Douze [27] », précise Marc par deux fois, pour bien marquer qu'il appartient au groupe des disciples de Jésus. Laissons de côté la trace de cupidité rapportée par le seul Matthieu [28], les trente deniers d'argent, le prix d'achat d'un esclave. Il est peut-être un déçu de l'espérance d'un Messie qui aurait été le restaurateur du trône et de l'autel d'Israël. En tout cas, nous savons qu'il est allé trouver les membres du Sanhédrin pour leur offrir de le leur « livrer ». En effet, seul il connaît l'endroit où trouver Jésus que les princes des prêtres, les anciens et les scribes ont décidé de « perdre ». Seul aussi il peut dans la nuit l'identifier. Il est convenu avec la troupe d'un signe que rappellent Marc [29], Matthieu [30] et Luc [31] : ce signe est un baiser, le seul donné jamais à Jésus par l'un de ses disciples dans les récits des Évangiles : celui « à qui je donnerai un baiser, c'est lui, tenez-le et maintenez-le ferme ». Et il s'approche de Jésus et dit : Rabbi, et lui donne un baiser. Le baiser qui est le signe de l'amour est alors signe de mort. Et Jésus lui dit :

– Judas, livres-tu le fils de l'homme par un baiser [32] ?

Les hommes d'armes s'avancent et mettent alors la main sur Jésus. Judas, après cette arrestation qu'il a rendue possible, ayant servi à un dessein qui le dépasse, sort alors de l'histoire de la Passion. Matthieu rapporte qu'il se repentira ensuite, retournera les trente pièces d'argent au grand prêtre – « J'ai péché, j'ai livré un sang innocent » – et s'en ira se pendre [33]. Il fut remplacé, rapportent les Actes des Apôtres, par Mathias [34], pour que les Douze demeurent douze.

Un incident survient, alors que Marc relate sans le commenter : « Et quelqu'un de ceux qui étaient là dégaina son sabre, frappa l'esclave du grand prêtre et lui arracha l'oreille [35]. » Matthieu et Luc, qui rapportent eux aussi l'incident, sont tout aussi sobres de commentaires en indiquant qu'il s'agit d'un disciple – « un de ceux qui étaient avec Jésus [36] ». Jean nomme Simon Pierre [37]. Jésus était donc à cet instant entouré de disciples en armes. C'est à eux qu'il s'adresse pour les inviter à être des hommes de paix : « Remets ton sabre en place car tous ceux qui prennent le sabre périront par le sabre [38]. » Et, s'adressant à ceux qui l'ont arrêté et attaché comme un bandit, il dénonce le coup de main nocturne en rappelant qu'il a toujours enseigné au public, au grand jour, dans la synagogue et dans le Temple :

– Et alors vous ne vous êtes pas saisi de moi [39] !

Alors « tous le laissèrent et s'enfuirent ». Tous selon Marc. « Tous les disciples » précise Matthieu [40]. Comme ils s'enfuiront après la condamnation à la mort sur la Croix. Devant un Messie arrêté et devant un Messie crucifié, un Messie auquel on avait cru et qui subit l'échec et la mort ignominieuse, ils ne pouvaient que s'enfuir puisque son arrestation sans résistance et sa mort impuissante prouvaient la légitimité de la Loi. Si Luc ne rapporte pas la fuite des disciples, par pudeur peut-être, car dans son récit il se soucie constamment de la dignité de Jésus, le fait est indiscutable. Jésus n'a pas esquissé de défense, appelé à l'aide ses disciples, ni son Père pour qu'Il lui envoie douze légions d'anges. Le Messie des rameaux est maintenant vaincu par des soldats armés de bâtons et entouré d'une foule qui l'emmène chez le grand prêtre. Les chefs de cette foule que Jean nomme une cohorte ne cherchent d'ailleurs pas à arrêter les disciples. Ils s'enfuient sans être retenus. Il suffit que leur maître soit arrêté. Ou plutôt, dans la mêlée, les gardes tenteront d'arrêter l'un de ceux qui « suivent » Jésus, un jeune homme inconnu. « Un jeune homme le suivait vêtu d'un linge à même la peau ; on se saisit de lui ; mais il quitta le linge et s'enfuit nu. » Cette mystérieuse anecdote de l'adolescent vêtu à la hâte et anonyme que seul rapporte Marc [41] a donné lieu à bien des gloses et des commentaires [42] et donne le sentiment d'avoir été vécue et rapportée comme telle sans exploitation, comme une image peut-être, évanescente, d'un autre jardin, celui du paradis perdu, le jardin de la création où l'homme et la femme étaient tous deux nus, « et ils n'avaient pas honte l'un devant l'autre [43] ».

Mais qui a fait arrêter Jésus ? Et par qui a-t-il été arrêté ? Pour les suites du procès, il est important de les identifier. Marc n'est pas en contradiction avec les autres récits lorsqu'il désigne « les grands prêtres, les scribes et les anciens » comme étant ceux qui ont envoyé les gardes [44]. Jean parle aussi des « serviteurs des grands prêtres et pharisiens [45] ». Même si Matthieu emploie le mot de « grande foule », il s'agit d'hommes mandatés par le Sanhédrin.

Le Sanhédrin était composé du grand prêtre, sans doute aussi des anciens grands prêtres, de juristes spécialisés que sont les scribes et les docteurs de la loi, et, de la noblesse sacerdotale, les anciens. Ils sont au nombre de soixante et onze. Il s'agit d'une commission permanente qui siège à Jérusalem, dans le Temple, sous la présidence du grand prêtre. Le Sanhédrin est la cour suprême pour les infractions à la loi et, en même temps, l'académie théologique qui fixe la doctrine. A ces fonctions judiciaires et religieuses s'ajoute une fonction politique : le Sanhédrin dispose d'une police propre et règle les problèmes pendants avec l'occupant romain. Le Sanhédrin peut donc mener des opérations de police, qui dépendent du commandant du Temple, et procéder à des arrestations, instruire les causes et prononcer des sentences selon la loi juive. Ce n'est que dans le cas d'une condamnation à mort qu'il est tenu d'obtenir la rectification de l'autorité romaine [46]. « Les serviteurs des grands prêtres et des pharisiens » qui intervinrent à Gethsémani faisaient donc partie des milices du Sanhédrin. Ainsi ce sont bien les chefs officiels qui ont décidé de l'arrestation de Jésus, arrestation de nuit pour éviter de possibles mouvements de foule en sa faveur.

Quelques auteurs, sur la base du récit de Jean [47], font également intervenir la garnison romaine stationnée dans le fort d'Antonia et qui était composée d'une cohorte commandée par un tribun. C'est la cohorte qui flagellera Jésus, le couronnera d'épines et crachera sur lui [48]. La même cohorte sans doute qui sauvera plus tard Paul de la foule voulant le lapider [49].

Joseph Blinzler juge cette participation des Romains, à ce stade, invraisemblable [50]. Les évangélistes synoptiques, qui n'ont aucune raison de ménager les Romains, n'en parlent pas. Une cohorte était composée de six cents hommes, ce qui est évidemment disproportionné avec l'arrestation d'un seul homme, fût-il défendu par onze disciples. C'est d'ailleurs aux sbires du grand prêtre et à eux seuls que Jésus s'adresse : « Chaque jour j'étais devant vous, j'enseignais dans le Temple et vous ne vous êtes pas saisi de moi [51]. » Pilate, quand Jésus lui sera soumis devant son tribunal par les grands prêtres et les anciens du peuple, c'est-à-dire les hiérarques du grand prêtre, ne saura manifestement rien de son cas. Or ce ne peut être à son insu que la cohorte a été engagée dans une opération de cette nature, et dans ce cas Jésus aurait été conduit dans une prison romaine ; et le tribun ne l'aurait pas fait comparaître devant Hannas, grand prêtre déposé par les Romains, puis devant Kaïphe, le grand prêtre en exercice, selon le récit même de Jean [52]. Il n'y a pas non plus de soldats romains dans la section des gardes juifs qui amènent Jésus au prétoire, à l'aube du vendredi. Jean ne dit d'ailleurs pas que la cohorte, la *speira*, soit romaine ; il n'emploie pas le mot. Sans doute Jean emploie-t-il aussi le nom de tribun, le chiliarque : « La cohorte, le tribun et les gardes des juifs prennent Jésus et le lièrent [53] », ce qui semblait associer les soldats romains et les gardes du Sanhédrin. Mais la lexicographie de l'Ancien Testament et le grec profane, tout comme Flavius Josèphe, emploient les deux termes de speira et de chiliarque, cohorte et tribun, pour désigner des unités de troupes et toute espèce de commandement sans référence à leur romanité. On admettra donc avec Joseph Blinzler – et en désaccord avec Jules Isaac – que Jean a entendu désigner par speira un détachement de la garde du Temple appelé en renfort, et leur chef, désigné comme le chiliarque, était sans doute le commandant du Temple [54].

Cette conclusion, qui s'accorde avec les récits concordants des Évangiles, s'impose plus encore par la cohérence du récit de Jean. Jean rejette à l'arrière-plan la participation des Romains dans le procès ; il montre Pilate affirmant l'innocence de Jésus et s'efforçant de le faire remettre en liberté ; Pilate ne pouvait alors être celui qui aurait pris l'initiative du procès, chargé la cohorte romaine et son tribun d'arrêter Jésus pour les désavouer.

Si ce n'est donc pas Pilate qui est à l'initiative du procès de Jésus, mais les chefs autorisés du peuple juif, et si ce sont leurs serviteurs dont la tâche était de convoquer les parties qui ont arrêté Jésus, nous verrons ensuite que le procès n'est pas un procès selon la loi juive mais un procès romain selon le droit romain. Et que l'exécution fut une exécution romaine selon le droit romain. Il n'est pas inutile, après tout ce qui a été publié depuis la fin du IIe siècle sur le peuple déicide, de dire tout de suite, avant d'y revenir, que ce ne sont pas les « juifs », le peuple d'Israël comme tel, qui sont à l'origine de l'arrestation et du procès, qui en seraient ainsi présumés responsables. La reconnaissance de l'identité juive de Jésus est le premier geste que la conscience historique se doit d'avoir, avec attention et respect, quand il s'agit de raconter sa vie historique.

Selon le mot de Pierre Dabosville, Jésus appartient tout entier à la racine sainte [55]. Le mot est d'ailleurs repris de Grégoire IX qui cite à son tour Pie XII [56]. Jésus était juif, juif selon la « chair » dit Paul, élevé « sous la Loi », c'est-à-dire circoncis. Sa mère et sa famille étaient juives ; son précurseur, Jean-Baptiste, était juif ; les apôtres Pierre, Jean, Jacques, les Douze, étaient juifs ; Saül de Tarse devenu Paul était juif et s'affirmera comme juif ; la première communauté chrétienne de Jérusalem était juive. « Mais quelque différence qu'on nous y paraisse, Moïse et Jésus-Christ se touchent de près, la Synagogue et l'Église se tendent les mains [57] », écrit Bossuet. « Né sous la Loi », Jésus a vécu « sous la Loi », et c'est dans les synagogues et le Temple qu'il a prêché : l'Évangile qu'il a prêché se rattache étroitement à la bibliothèque hébraïque, que nous appelons l'Ancien Testament. Et, surtout, les chrétiens sont redevables aux juifs d'avoir reçu la foi en Dieu, le Dieu unique, le Dieu d'Abraham, d'Isaac et de Jacob [58]. C'est Léon Bloy, l'imprécateur catholique, l'auteur du *Salut par les Juifs*, qui écrira vingt ans plus tard : « L'antisémitisme... est le soufflet le plus horrible que Notre Seigneur ait reçu dans sa passion qui dure toujours, c'est le plus sanglant et le plus impardonnable parce qu'il le reçoit sur la Face de Sa Mère et de la main des chrétiens [59]... » Jésus fut juif, et c'est par Jésus le Juif, assurant dans son humanité la totalité de l'expérience juive au sens de l'héritage juif, que la Révélation nous est parvenue dans sa plénitude.

2

Pourquoi Jésus fut-il arrêté ?

La part déterminante du grand prêtre dans l'arrestation de Jésus laisse supposer que ce qui lui était reproché était en relation avec la fonction de gardien de la Loi du grand prêtre. C'est-à-dire de la révélation divine telle qu'elle est consignée dans la Thora. La Thora héritée des Pères, dont Jésus s'est emparé pour la réinterpréter et en dégager l'authentique volonté de Dieu à l'égard des hommes. Même si Jésus déclare qu'il n'est pas venu pour abolir la Loi mais pour l'accomplir, selon la prophétie séculaire inscrite en son cœur même, sa mission en Galilée, ses paroles, ses gestes, ses miracles sont reçus comme une rupture radicale. Un dépassement. Ainsi en est-il des antithèses du sermon sur la montagne et de l'universalisme de son enseignement qui n'est plus lié à un peuple particulier, à un Israël historique. Un abîme se creuse. Jésus est alors perçu comme une menace. Il cueille des épis un jour de sabbat ! Et il justifie son geste : « Le sabbat est fait pour l'homme et non l'homme pour le sabbat [1]. » Il soigne et guérit un malade un autre jour de sabbat alors que les pharisiens l'épient pour savoir s'il osera guérir un tel jour ! Dès cet instant, rapporte Marc, « les pharisiens tinrent conseil avec les hérodiens pour le perdre [2] ». Ce qui fut renforcé par la guérison de Lazare. Nous admettrons avec Jean-Claude Barreau que c'est improprement qu'on parle d'une résurrection de Lazare pour parler de sa guérison. Lazare, quoi qu'on pense de la nature de sa guérison, est mort de mort naturelle des années plus tard. Il n'est pas sorti, comme Jésus, de l'espace et du temps.

« Quelques-uns allèrent dire aux pharisiens ce qu'avait fait Jésus. Alors les grands prêtres et les pharisiens réunirent un conseil. Ils dirent :

« – Que faisons-nous ? Cet homme fait beaucoup de signes. Si nous les laissons, tous se fieront à lui, et les Romains viendront enlever notre bien et notre nation.

« L'un d'eux, Kaïphe, grand prêtre cette année-là, leur dit :

« – Vous n'y connaissez rien ; vous ne calculez pas. Mieux vaut qu'un homme meure pour le peuple, et que la nation entière ne périsse pas...

« De ce jour-là, ils furent résolus à le tuer [3]. »

C'est très clairement la crainte de perdre leur toute-puissance qui est le puissant motif de l'hostilité de l'administration du Sanhédrin à l'égard de Jésus. Ce sont les fondements mêmes de leur vie qui sont ébranlés. Et ceux de leur puissance. Ajoutons que Jésus tolère la présence auprès de lui de pécheurs, de filles et de percepteurs d'impôts...

Jésus persiste : aux pharisiens et aux scribes qui reprochent à ses disciples de manger leur pain sans s'être lavé les mains, il répond en interpellant la foule : « Rien de ce qui est extérieur à l'homme et qui entre en lui ne peut le profaner ; mais c'est ce qui sort de l'homme qui peut le profaner. Si quelqu'un a deux oreilles pour entendre, qu'il entende [4]. »

Ce sont alors les trois prophéties de la Passion à ses disciples qui n'y comprennent mot mais craignent de le questionner [5]. Car il leur annonce le renversement de toute chose : « Beaucoup des premiers seront derniers, et des derniers seront premiers [6]. » Et, pour ce qui les concerne, ce qui allait leur arriver, selon la prédiction d'Esaïe :

« Voilà que nous montons à Jérusalem et le Fils de

l'Homme va être livré aux grands prêtres et aux scribes, et ils le condamneront à mort, et ils le livreront aux nations ; et on se moquera de lui et on crachera sur lui, on le fouettera, on le tuera et trois jours après il ressuscitera [7]. »

Mais son entrée à Jérusalem, le dimanche avant la Passion, est un triomphe [8]. Jésus est acclamé comme le Messie attendu, le libérateur d'Israël. La foule célèbre en lui « le règne qui vient, le règne de David notre père ». Il s'agit d'un acte qui ne peut être vu par la foule que comme une restauration monarchique par acclamation populaire [9].

Cette manifestation messianique est une véritable provocation pour les autorités romaines et leurs collaborateurs. Rien n'y manque : l'âne sur lequel Jésus s'avance, les vêtements que l'on jette sur son passage, les rameaux d'olivier que la foule agite selon la tradition des branches de buis béni. C'est bien là l'arrivée annoncée du roi d'Israël.

L'attente d'un Messie royal, Messie davidique, libérateur d'Israël, a précédé l'apparition de Jésus. Cette espérance flottait dans les esprits [10]. Elle se nourrissait des prophéties et des psaumes royaux. Le Livre de Daniel et le Livre des songes d'Enoch avaient renoué cette espérance, et les hymnes de Qumrân issus de la communauté essénienne, découverts depuis, comme les psaumes de Salomon [11] d'obédience pharisienne, montrent la durable résistance aux rois usurpateurs et à la domination romaine qui l'accompagne. Ce qui est attendu de presque tous c'est la venue, toujours imminente, toujours reculée, d'un libérateur. L'existence nationale est pour les juifs liée à la foi, continuité qui fait des grands prêtres de véritables chefs nationaux. Le roi, le temple, le culte sont les étapes de la rédemption d'Israël.

L'idée d'un Messie qui puisse souffrir et échouer est évidemment absente. Le malentendu est donc total avec la mission de Jésus. C'est bien comme le prophète de cette attente messianique que Jésus est d'abord reconnu. Après la multiplication des pains, à la vue des signes qu'il venait de faire, les gens disaient : « C'est vraiment lui *le* prophète qui doit venir dans le monde. » Alors, Jésus, se rendant compte qu'ils allaient venir s'emparer de lui pour le faire roi, s'enfuit [12]. Car les foules attendent du prophète eschatologique qu'il délivre Israël. C'est l'attente du Messie davidique dont la fonction est à la fois guerrière et politique. Et elle s'interroge : « Celui-là n'est-il pas le fils de David [13] ? » Elle le salue lors de son entrée à Jérusalem : « Hosanna au fils de David [14] », ou « béni soit celui qui vient, le roi, au nom du Seigneur [15] ». Les apôtres mêmes, malgré la réserve de Jésus qui ne s'attribue jamais ce titre de Messie, ont du mal à abandonner l'espoir de l'instauration d'une royauté sur Israël et sur tous les peuples. Ils l'interrogent encore après sa résurrection :

– Seigneur, est-ce le temps où tu rétablis le règne d'Israël [16] ?

Et les pèlerins d'Emmaüs lui disent, avant qu'il se soit fait reconnaître d'eux en rompant le pain :

– Au sujet de Jésus de Nazareth, cet homme qui a été un prophète, puissant en œuvre et en paroles devant Dieu et devant tout le peuple, et comment nos grands prêtres et nos chefs l'ont livré pour le faire condamner à mort et crucifier [17].

Ils ne seront qu'un petit nombre à le reconnaître comme Messie après sa mort sur la Croix. C'est Pierre qui le dit au jour de la Pentecôte : « Dieu l'a fait Seigneur en Christ, ce Jésus que vous avez crucifié [18]. » Et la première prédication chrétienne identifie Jésus comme Christ, traduction grecque littérale du mot hébreu ou araméen Messie.

Cette tradition affirme que l'espérance juive est exaucée par sa résurrection et associe désormais le nom de Jésus de Nazareth à cette espérance accomplie : Jésus-Christ. Elle lui donne dans les Évangiles les titres qui sont ceux du médiateur de salut, autrement dit Messie dans les textes vétéro-testamentaires : Prophète, Seigneur, Serviteur de Dieu, Fils de l'Homme... Mais, à l'heure de Jésus, les partis juifs, notamment les sadducéens, sont en retrait sur cette espérance messianique qui prend avec les zélotes et les esséniens les formes de l'activisme politique et de la révolte nationale. Ce qui importe le plus pour les hiérarques c'est que le culte dans le Temple soit observé fidèlement. C'est avec cette fidélité que Jésus rompt : « On vous a dit... et moi je vous dis [19]. » C'est ainsi que les pharisiens, les sadducéens et les hérodiens, habituellement désunis, se retrouvent alors. Ils craignent pour leur influence. Jésus va en effet donner aux partis juifs, habituellement divisés, mais qui se rejoignent pour le récuser, l'occasion et la raison de vouloir le perdre : en entrant dans le Temple, il a en effet commencé à chasser ceux qui vendaient et ceux qui achetaient, il a renversé les tables des changeurs et les sièges des vendeurs de colombes.

– N'est-il pas écrit : ma maison sera appelée maison de prière, par toutes les nations ? Et vous en avez fait une antre de bandits [20].

L'incident du Temple est spectaculaire. Les quatre évangélistes le rapportent, même s'il n'y a pas d'accord entre les synoptiques et Jean sur le moment de cette action. Pour Jean, Jésus, « se faisant un fouet de cordes, les chassa tous du Temple, avec leurs brebis et leurs bœufs [21] ». Et il ne s'agit plus d'une provocation comme lors de la manifestation royaliste et par conséquent nationaliste des Rameaux. Il s'agit du sanctuaire juif par excellence, du Temple. Dans ce lieu saint entre tous, Jésus appelle à une réforme totale des cœurs et des esprits. Il ne s'agit pas véritablement d'une contestation sur la vente et ses produits, comme on le voit aux alentours de nos sanctuaires, à Lourdes ou à Lisieux, mais de l'exercice même du culte. Les changeurs sont là pour permettre l'acquittement de l'impôt du Temple que tout Israélien de sexe masculin, âgé de trente ans, devait payer chaque année. La monnaie utilisable n'avait plus cours sous les Romains, d'où la nécessité du changeur. Et le commerce des animaux facilitait pour les pèlerins l'acquisition d'agneaux et de colombes pour les offrir en sacrifice. Renverser les tables des changeurs signifiait en réalité s'attaquer au culte sanglant du Temple lui-même. Et provoquer non seulement ses dirigeants mais le peuple des pèlerins en ces jours de grande affluence, à la veille de Pâques. C'est bien l'ordre public religieux, dont le Sanhédrin a la garde, qui était ainsi menacé. Le grand prêtre, représentant la « nation » devant les autorités romaines, ne peut se désintéresser de la dimension messianique de la venue de Jésus à Jérusalem, et de son audience dans le peuple.

Même si cet acte dans le Temple n'a pas eu toute l'ampleur que lui donnent les évangélistes, qui ne sont pas les témoins directs des événements mais les témoins directs de la façon dont les premières communautés chrétiennes ont compris et reçu le récit des derniers jours de Jésus, puisque cet acte n'a déclenché aucune intervention des gardes du Temple et de la garnison situés dans l'immédiate proximité, il était radicalement conflictuel. Il n'a pu que porter à son comble l'exaspération de l'autorité sacerdotale jérusalémiste qui fondait son pouvoir sur le Temple et le culte. Et ceci dans un climat tendu par l'insurrection zélote dont témoignait l'arrestation de Barabbas et ensuite la crucifixion de deux « bandits », c'est-à-dire de deux militants zélotes [22]. Cette agression frontale contre le cœur du judaïsme et la parole de Jésus sur le Temple : « Je peux défaire le sanctuaire de Dieu et le rebâtir en trois jours [23] » ne pouvaient que précipiter la décision déjà prise. Deux fois, dans Marc et Luc, Jésus a associé la ruine du Temple avec sa décision de monter à Jérusalem. Nous avons rappelé les deux transgressions du sabbat rapportées par Marc qui provoquent la décision du pouvoir religieux de faire mourir Jésus. La rupture avec la tradition des Pères et la réinterprétation de la Loi à Jérusalem, dont l'espérance récapitule Israël et cristallise sa pratique religieuse, devaient déclencher la vindicte ultérieure. Ce qui avait commencé en Galilée connaissait sa conclusion à Jérusalem. Toutes les paroles et tous les gestes de Jésus agressaient la classe religieuse et constituaient des provocations passibles de la peine de mort.

Jésus, même si l'on met entre parenthèses les prophéties de la Passion dans leur rédaction post-pascales, ne pouvait qu'être conscient de l'insécurité qui était la sienne et que prévoir son issue possible. Sa diatribe rapportée par Matthieu suffirait à elle seule : « Malheur à vous scribes et pharisiens, comédiens [24]... » La prédiction de Jésus explique son arrestation et sa condamnation.

Deux jours avant la pâque, il fut convenu entre les grands prêtres et les scribes qu'ils « chercheraient comment se saisir de lui par ruse [25] » pour éviter « un tumulte du peuple » présent pendant la fête, et « le tuer ». Jean rapporte qu'ils auraient « donné ordre à quiconque saurait où il était de l'indiquer pour le faire prendre [26] ». Ce qui n'était pas facile, car il se cachait d'eux [27]. Il passait ses nuits, après avoir prêché, sur le mont des Oliviers [28]. C'est alors que Judas alla trouver, comme nous l'avons rappelé, les membres du Sanhédrin et s'offrit à leur livrer Jésus, « à l'insu de la foule [29] ». « Ils se réjouissaient de l'occasion et promirent de lui donner de l'argent. » Le jeudi soir, alors que Jésus est dans une maison pour manger la pâque avec ses disciples, Judas quitte furtivement la salle de souper pour informer le Sanhédrin du refuge de Jésus à Gethsémani où il pouvait être arrêté sans tumulte. Car les chefs craignent le peuple juif.

Si, d'après les Évangiles, Jésus ne s'est jamais attribué personnellement la qualité de prophète ou le titre de Messie, la foule le nomme comme prophète et le tient pour une sorte de Messie. Prophète, mais aussi rabbi, maître de la Loi. Un rabbi dont on admet aujourd'hui qu'il était proche des pharisiens par ses proclamations sur la Loi et le Temple. Une meilleure connaissance de ce que l'on ne nomme pas encore la Palestine, au Ier siècle, au travers de la littérature talmudique, rabbinique et intertestamentaire, nous aide à comprendre que Jésus a pu d'abord apparaître comme un réformateur pharisien du culte et un adaptateur de la Thora. Une sorte de Hillel qui déclarait : « Ne fais pas à autrui ce que tu ne voudrais pas qu'on te fasse à toi-même. Cela est toute la Thora : le reste n'est que son explication. » Flavius Josèphe montre l'importance accordée par les pharisiens à la tradition des Pères, à la rétribution outre-tombe et à la résurrection des morts. Si, comme les sadducéens, les pharisiens croient à la Providence, ils laissent à l'homme son libre arbitre. Et, au temps de Jésus, les sacrifices dans le Temple faisaient déjà l'objet de critiques dures. Dans la *Lettre d'Aristé*, il est indiqué que le vrai culte consiste à honorer Dieu, « non avec des présents et des sacrifices, mais avec la pensée de l'âme et la foi pieuse ». Philon d'Alexandrie insiste sur ce que les sacrifices les plus agréables à Dieu sont d'ordre spirituel : « La demeure de Dieu invisible, c'est l'âme invisible. » Les pharisiens, dans les *Psaumes de Salomon*, insistent sur la purification du Temple. La prééminence de la prière et de l'amour sur le sacrifice est d'ailleurs exprimée par le scribe interrogé par Jésus en Marc XII-33, et qui est l'occasion pour Jésus de se référer une fois de plus aux Écritures.

« Un scribe qui entendait discuter des sadducéens et Jésus demanda à Jean :

« – Quel est le premier de tous les commandements ?

« Jésus répondit :

« – Le premier, c'est : " Écoute, Israël ! le Seigneur notre Dieu est l'unique Seigneur. Tu aimeras donc le Seigneur ton Dieu de tout ton cœur, de toute ta vie, de tout ton esprit et de toute ta force. " Et le second : " Tu aimeras ton proche comme toi-même. Aucun autre commandement n'est plus grand que celui-là. "

« Le scribe lui dit :

« – Bien ! maître. Tu l'as dit en toute vérité : Il est

L'unique, il n'y en a pas d'autre que Lui ; et L'aimer de tout son cœur, de toute son intelligence et de toute sa force, et aimer son proche comme soi-même, c'est plus que tous les holocaustes et les sacrifices.

« Jésus, voyant qu'il répondait intelligemment, lui dit :

« – Tu n'es pas loin du règne de Dieu.

« Et personne n'osait plus le questionner. »

Mais la contestation de Jean ne se borne pas aux lois sacrificielles et aux lois cultuelles. C'est la Thora qui est en cause. Pour certains, « accomplir » la loi veut dire la « réaliser parfaitement ». Jésus n'aurait fait qu'affiner la double loi de l'amour en affirmant l'importance d'une morale de l'intention : « Eh bien ! moi, je vous le dis... » Mais d'autres exégètes constatent la distance qui s'est creusée entre Jésus et la Thora. Les antithèses de Matthieu vont au-delà de la Loi. Il ne s'agit plus de comparer et d'opposer la pointe polémique de Marc et le légalisme de Matthieu, ou de louer l'harmonie théologique de Luc surmontant ses contestations. Jésus se présente comme celui qui se substitue à la Thora, orale et écrite. Il affirme son autorité. Ce qui frappe d'ailleurs ses auditeurs d'étonnement. « Ils étaient frappés de son enseignement, car il enseignait en homme qui a l'autorité et non pas comme les scribes. »

Jésus cite l'Écriture, observe le sabbat, il porte même des franges à son vêtement. Il ne condamne pas tout à fait les scribes : « Malheureux, êtes-vous scribes et pharisiens hypocrites, vous qui versez la dîme de la menthe, du fenouil et du cumul, alors que vous négligez ce qu'il y a de plus grave dans la Loi, la justice, la miséricorde et la fidélité... C'est ceci qu'il fallait faire, sans négliger *cela.* » Mais, alors que les rabbis ne parlent des réalités présentes que de façon ésotérique, sans jamais les aborder de front, Charles Perrot note que l'attitude de Jésus sur ce point fondamental est tout à fait différente. Il parle de la réalité concrète d'aujourd'hui pour dire le dessein actuel de Dieu, depuis le fait divers de la tour de Siloe qui vient de s'écraser jusqu'à la réprimande de ses disciples rabrouant les enfants. Ce dessein de Dieu passe désormais par lui. Dans les fameuses antithèses du discours de la montagne, c'est la tradition exégétique et morale des scribes qui est récusée : à la tradition « vous avez appris », il répond par « moi je vous dis ». Et son autorité s'oppose au Temple, à la Loi et aux autorités. En présence de ses discours, au vu de ses pouvoirs d'exorciste, de thaumaturge et de faiseur de miracles, le Nazaréen, pour les pontifes, ne peut tendre qu'au pouvoir suprême. Et la messianité mystérieuse qu'il revendique en choisissant le titre tombé en désuétude de Fils de l'Homme est une menace de plus. Une menace qu'il faut conjurer par tous les moyens, même légaux.

Oui, Jésus fut arrêté à cause du conflit théologique l'opposant aux hiérarques sur la manière de comprendre la Loi. C'est parce qu'il fut considéré par eux comme blasphémateur de la Loi que fut mis en marche le processus qui le conduisit à son procès.

3

Jésus devant le Sanhédrin

Jésus, arrêté par la troupe et ligoté, fut emmené chez le grand prêtre [1]. Matthieu précise qu'il se nomme Kaïphe. Jean seul dit que les gardes l'auraient d'abord conduit chez son beau-père, Hannas, son prédécesseur, déposé par les Romains, mais toujours membre du Sanhédrin.

A cette époque, la fonction du grand prêtre est à la disposition du gouverneur romain qui le nomme et le révoque à son gré. C'est ainsi que le vêtement de cérémonie du grand prêtre était gardé scellé dans l'Antonia, la forteresse romaine qui dominait le Temple. La mainmise de l'autorité romaine sur le gouvernement local juif – religieux et politique à la fois – est donc totale. L'autorité romaine pouvait intervenir à son gré dans la législation, l'administration et la justice. Mais, dans la pratique, elle laissait dans ces domaines aux communautés sujettes une grande autonomie, toujours révocable. Il en était particulièrement ainsi pour la province de Judée ; celle-ci disposait d'un véritable *privilegium judaïcum*, notamment dans le domaine judiciaire. Il y avait en effet entre Jérusalem et Rome un traité d'amitié et d'alliance. C'est ainsi que Kaïphe, en charge depuis 18 jusqu'à l'arrivée de Pilate en 26, le demeura jusqu'à ce qu'eût pris fin la préfecture de Pilate en 36. Hannas et Kaïphe furent comblés d'honneurs et de richesses. Leurs fils et petits-fils eurent à leur tour le droit de revêtir les ornements sacerdotaux. Ce furent, à leurs yeux, de bons et loyaux collaborateurs des occupants romains.

La comparution de Jésus devant Hannas n'est donc pas inexplicable. On croit que celui-ci a souhaité le voir et l'entendre. Il ne s'agit pas d'un « interrogatoire préliminaire », comme titre Joseph Blinzler [2] qui d'ailleurs reconnaît dans le développement de ce chapitre qu'il ne faut pas voir dans cette comparution « les préliminaires d'une instruction officielle que la procédure criminelle juive manifestement ignorait ». A Hannas qui voudrait que Jésus s'explique sur le mouvement messianique déclenché sous son nom – « sur ses disciples et sur sa doctrine » dit Jean –, Jésus répond : « J'ai parlé franchement au monde. J'ai toujours enseigné dans les synagogues et dans les temples à tous les juifs s'assemblant et je n'ai rien dit en secret [3]. »

Et Jésus ajoute avec une intrépidité qui n'est pas le comportement habituel devant les tribunaux, où, selon Joseph, les inculpés adoptent une attitude obséquieuse pour susciter la compassion de leurs juges [4] :

– Pourquoi me questionnes-tu ? Demande à ceux qui m'ont entendu parler, ils savent ce que j'ai dit.

A ces paroles, un garde zélé le frappe :

– Est-ce ainsi que tu réponds au grand prêtre ?

– Si j'ai mal parlé, atteste le mal, mais si j'ai bien parlé pourquoi me frappes-tu ?

Hannas fait donc enchaîner à nouveau Jésus et l'envoie au grand prêtre en fonction. L'épisode de la comparution devant Hannas, qui n'est pas dans les synoptiques et ne s'explique pas par les motifs théologiques propres à l'Évangile de Jean, le plus théologien des évangélistes, doit être considéré de ce fait comme s'étant effectivement passé ainsi.

C'est avant et après ce dialogue que se trouvent décrits chez Jean les reniements de Pierre [5]. Marc [6], Matthieu [7], avant Luc [8], les mentionnent dès après la comparution de Jésus devant le Sanhédrin. Les quatre récits sont cependant pratiquement identiques, ce qui présume de l'historicité de l'événement. Dans les deux récits de Marc et Matthieu, la scène en trois épisodes, qui précèdent le repentir de Pierre au matin, lorsque le coq annonce la levée du jour, se déroule factuellement, dans un évident souci de contraste entre les apostasies de Pierre et l'attitude de son maître, mais sans jugement de valeur. Ce qui rend l'épisode d'autant plus suggestif : la chute de Pierre sous les soupçons et les accusations d'un monde hostile représente d'avance notre chute à tous [9]. Pierre qui fondera l'Église et subira le martyre est ainsi exemplaire. Les quatre évangélistes d'ailleurs n'accablent pas le futur chef de l'Église. Mais ils n'auraient sans doute pas fabriqué un tel contre-exemple s'il n'avait pas eu un fondement réel.

Ainsi tous les disciples n'avaient pas fui. Simon Pierre, et un autre disciple, ajoute Jean, dont le nom n'est pas donné, qui était cousin du grand prêtre – ce qui lui permettait d'entrer dans la cour du parloir –, suivaient « de loin » Jésus. Pierre reste à la porte. Selon Luc, il s'assied auprès des gardes qui avaient arrêté Jésus et qui, en attendant la décision du grand prêtre, avaient allumé un feu au milieu de la cour. Une servante le dévisage et s'approche de lui :

– Toi aussi tu étais avec Jésus de Nazareth (ou Jésus le Galiléen, selon Matthieu).

Mais il nie en disant :

– Je ne comprends pas de quoi tu parles.

Et Pierre sort vers le vestibule. Un coq chante. La fille recommence à dire à ceux qui étaient là :

– C'est un des leurs.

Et il nie encore :

– Je ne connais pas cet homme.

Peu après, ceux qui étaient là s'approchent de Pierre et lui disent :

– Tu es vraiment des leurs, car tu es galiléen.

Et Pierre commence à faire des imprécations et à jurer solennellement :

– Je ne connais pas cet homme dont vous parlez.

Et, à l'instant, comme il parlait encore, pour la deuxième fois un coq chanta. Et Pierre se souvint de la parole que Jésus lui avait dite : avant que le coq chante deux fois tu me renieras trois fois. Le lecteur est renvoyé à la prédiction de Jésus lors du dernier repas lorsque Pierre, et tous avec lui, se vantèrent de ne jamais abandonner leur maître :

– Quand je devrais mourir avec toi, je ne te renierais pas.

– Oui, je te le dis : toi, aujourd'hui, cette nuit, avant que le coq chante deux fois, tu me renieras trois fois [10].

Mais Pierre, contrairement à Judas, ne désespère pas. Il sort et « pleure amèrement [11] ». Ce sont les larmes naturelles et spontanées du repentir.

Par sa contrition, le cœur de Pierre se brise. Les larmes introduisent celui qui se repent dans le mystère de l'agonie, à Gethsémani, alors qu'il dormait dans l'ignorance de la Croix à venir, car « la source des larmes » coulera du côté transpercé du Seigneur. Le désespoir le fait accéder à la divine miséricorde. Ce sera dans *Crime et Châtiment* de Dostoïevski Marméladov, l'immoral, voyant le Christ tendant les bras aux ivrognes et aux débauchés, à ceux qui ne sont jamais « jugés dignes » d'un tel accueil. « Et nous tomberons à ses pieds... Et nous éclaterons en sanglots ! » Les larmes dessillent les yeux du cœur aveuglé par la cécité humaine. C'est l'« onction des larmes » que chantera André de Crète dans la liturgie grecque du VIIe siècle :

Que nos larmes soient pour moi une piscine de Siloé
oui je laverai les yeux aveugles de mon âme
pour que, guéri, je te contemple
Toi lumière d'éternité [12].

Par son triple reniement Pierre a été associé aux trois jours de la mort de Jésus. Le lever du jour, avec le chant qui l'accompagne, est le symbole du réveil de Pierre et de sa résurrection.

Jésus est donc conduit devant le grand prêtre Kaïphe. Il fait encore nuit. Selon Marc et Matthieu, le Sanhédrin s'assemble aussitôt. Cette séance nocturne est suivie d'une séance matinale qui se clôt avec le renvoi devant Pilate. D'après Luc, les outrages qui occupent l'intervalle ont eu lieu après que le Sanhédrin se fut réuni au matin. Seul Jean ne mentionne pas la scène devant le Sanhédrin que les deux premiers fixent au cours de la nuit et Luc au matin.

Ces contradictions entre les évangélistes vont contribuer à soutenir la contestation parfois soulevée, notamment par les historiens israélites, sur l'historicité de ce passage devant les autorités juives. Dans un sens contraire, une majorité qualifie celui-ci de « procès juif », pendant du « procès romain » qui va suivre, et conclut les débats judiciaires devant le Sanhédrin par une « condamnation » qui n'a pas eu lieu. C'est Ponce Pilate et lui seul qui a condamné à mort Jésus, même s'il est tout aussi incontestable que son arrestation fut le fait de la hiérocratie juive et d'elle seule.

Chez Kaïphe, que ce soit dans son habitation ou au siège du Sanhédrin, ce que les évangélistes ne permettent pas de localiser, sont en tout cas réunis « tous les grands prêtres, anciens et scribes [13] ». Il est impensable que les soixante et onze membres qui composent le Sanhédrin aient pu être réunis ainsi dans la précipitation, mais il devait se trouver au moins les vingt-trois membres requis pour la validité des délibérations. Et la référence répétée – « eux tous » (V 64), « tout le Sanhédrin » (V 1) – indique bien que le conseil supérieur est réuni en séance plénière. Ce sont les ex-grands prêtres, le chef et surveillant sacerdotal du Temple, ses trésoriers, qui composent l'autocratie sacerdotale, les anciens composés des riches propriétaires fonciers, à peu près tous d'orientation sadducéenne, et les scribes qui forment le troisième groupe, composé de pharisiens, et qui sont les théologiens et les juristes du Sanhédrin. Ce sont les pharisiens qui ont marqué leur mépris pour ce fils de charpentier de Nazareth que la foule écoute et suit : « Cette foule qui ne connaît pas la loi, ce sont des maudits [14]. » Il est pourtant parmi eux une exception, Nicodème, qui en appelle alors à leur conscience : « Notre loi juge-t-elle un homme avant de l'entendre et savoir ce qu'il a fait ? » Celui-là même qui, après la mort de Jésus, se préoccupe de son ensevelissement avec Joseph d'Arimathie, « qui était disciple de Jésus, mais en secret par crainte des juifs [15] », et qui faisait aussi partie du Sanhédrin.

L'instruction commence. Selon la Michna, le recueil des prescriptions judiciaires réglementaires rédigé au IIe siècle, l'accusé était au milieu d'un demi-cercle composé des sanhédrins assis sur des sièges surélevés, tandis que les greffiers étaient debout à droite et à gauche. « Quant aux grands prêtres et tous les sanhédrins, ils cherchaient un témoignage contre Jésus pour le faire mourir [16]. » Si la codification de la Michna date effectivement du IIe siècle, l'Ancien Testament posait déjà en règle impérative que personne ne pouvait être condamné sur un seul témoignage. Il en fallait au moins deux [17]. C'est d'ailleurs ce que rappellait Jésus lui-même aux pharisiens qui l'interrogeaient quand il enseignait au Temple [18].

Les témoins à décharge devaient être entendus les premiers. Mais si les témoins à charge se lèvent, il n'y a pas de témoins à décharge. Mais ces premiers témoignages ne sont pas retenus car ils ne sont pas concordants. D'autres se lèvent à leur tour pour attester qu'ils ont entendu Jésus dire : « Je vais défaire le sanctuaire fait à la main et en trois jours j'en bâtirai un autre qui ne sera pas fait à la main [19]. » Marc nous dit cependant que « les témoignages n'étaient pas concordants ». Le verset 59 est surprenant et peut apparaître comme une interpolation. Les témoins ont en effet rappelé, en la déformant, la parole sacrilège de Jésus sur le Temple en disant que, si le sanctuaire était détruit, il le relèverait en trois jours. C'est cette déclaration qui a contribué, autant que son geste profanateur contre le sanctuaire national juif, à décider de son arrestation. Les témoignages sont donc clairs et non équivoques. La menace d'un attentat contre le Temple est un blasphème. Et le blasphème était, selon le droit criminel codifié dans le Lévitique, puni de mort : « Qui blasphème le nom de Yahvé devra mourir ; toute la communauté le lapidera [20]. » Le prophète Jérémie n'a-t-il pas été arrêté et menacé de la peine de mort pour avoir proposé la ruine du Temple [21] ! C'est bien la parole dénaturée de Jésus sur le Temple, car il n'a jamais dit qu'il l'anéantirait, qui sera rappelé au crucifié : « Et les passants le blasphémaient, hochaient la tête, ils disaient : eh ! toi qui défais le sanctuaire et le rebâtis en trois jours, sauve-toi, descends de la Croix [22]. » Mais demeure que, selon le récit de Marc, le désaccord affirmé des témoins sur la parole de Jésus sur le Temple la neutralise [23]. La vraie cause du jugement est encore à venir.

Le grand prêtre se lève. Il pose deux questions : à la première Jésus ne répond pas :

– Tu ne réponds pas ? Qu'est-ce qu'ils témoignent contre toi ?

Cette question et ce silence préparent la question décisive et la réponse de Jésus qui va le condamner :

– Est-ce toi le Christ, le fils du Béni ?

– C'est moi ; et vous allez voir le Fils de l'Homme assis à la droite de la Puissance venir avec les nuées du ciel [24].

Ni le grand prêtre ni l'accusé ne prononcent le nom de Yahvé mais emploient des métonymes traduits de l'hébreu, trait archaïque qui authentifie la réponse. Matthieu fait parler le grand prêtre sans métonymie mais avec une solennité accentuée, de style biblique :

– Je t'adjure par le Dieu vivant de nous dire si c'est toi le Christ, Fils de Dieu ?

– Tu le dis. D'ailleurs, je vous le dis, vous verrez

désormais le Fils de l'Homme assis à la droite de la Puissance venir sur les nuées du ciel.

Ce sont les mêmes paroles que rapporte Luc [25]. Ce seront, sauf une réponse en deux mots à Pilate, les seules paroles de Jésus.

La phrase combine deux passages de l'Ancien Testament. Le premier vient d'un psaume que Jésus a déjà utilisé dans sa polémique contre les scribes :

Le Seigneur a dit à mon Seigneur
Assieds-toi à ma droite. (Psaume 110, I.)

Et le second est le passage célèbre de Daniel sur le Fils de l'Homme s'avançant vers Dieu :

Je contemplais dans les visions de la nuit
Et voici, venant sur les nuées du Ciel
Comme un Fils de l'Homme
Il s'avance jusqu'à l'Ancien
Et fut conduit en sa présence.
A lui furent confiés
Autorité, honneur et règne... (Daniel VII, 13-14.)

Le Fils de l'Homme, selon Daniel, vient du ciel et fonde un royaume qui n'est pas de ce monde. Et les scribes ont dû entendre, dans ce « c'est moi » ou « je [le] suis », une référence au « Je suis » – *ego eimi* de la révélation à Moïse.

Et le grand prêtre crie au blasphème. Ce n'est pas tant que Jésus se soit reconnu comme Messie ; il ne l'a jamais fait au cours de sa mission ; et cette reconnaissance n'aurait pas entraîné de sentence capitale. Mais c'est le fait de s'affirmer Messie et appelé à siéger à la droite de Dieu, alors qu'il est prisonnier, déchu, abandonné par ses disciples, qui est le scandale. Le blasphème, c'est l'écart entre cette incontestable prétention d'autorité – se prétendre le Messie davidique et empiéter sur la dignité de Dieu lui-même – et son humilité de fils d'un charpentier de Nazareth, enchaîné, accusé, vaincu. Le blasphème c'est ainsi, dit le quatrième évangéliste, dans une autre circonstance, de se dire Fils de Dieu « parce qu'étant homme tu te fais Dieu [26] ». C'est ce que confirmeront les grands prêtres en raillant le Crucifié au calvaire : « Il s'est confié à Dieu ; qu'il le délivre, s'il veut de lui, car il a dit : je suis le Fils de Dieu [27]. »

La réserve de Jésus à l'égard du titre de Messie, qu'il n'a cependant jamais repoussé, est importante. Il a toujours évité à dessein de prendre ce titre – qui évoquait l'idéal révolutionnaire et royaliste des zélotes –, chaque fois qu'on lui demandait s'il était le Messie, en le remplaçant par celui de « Fils de l'Homme », figure messianique qui fonde le Royaume de Dieu. A Césarée de Philippes, lorsqu'il interroge ses disciples :

– Et vous, qui dites-vous que je suis ?

Pierre répond :

– Tu es le Messie.

A cette confession, Jésus ne répond pas affirmativement, mais commande de ne parler de lui à personne. Il continue : « Il commença à leur enseigner que le Fils de l'Homme doit beaucoup souffrir, être rejeté par les anciens, les grands prêtres et les scribes, être tué... »

Et comme Pierre le tance pour se présenter comme serviteur souffrant de Dieu, car Pierre partage sans doute alors la conception messianique des zélotes, Jésus, qui tient cette conception pour satanique, lui répond :

– Va-t-en de moi, Satan ! Car tu ne tends pas vers Dieu mais vers les hommes (Marc VIII, 29-33).

A la question du grand prêtre, la réponse n'a pas été un oui clair. Sa réponse en Matthieu signifie : « C'est toi qui le dis », et elle est suivie immédiatement, chez les trois synoptiques, de la référence au « Fils de l'Homme ».

Alors le grand prêtre :

– Qu'avons-nous besoin de témoins ? Vous avez entendu le blasphème. Que vous en semble ?

Et tous jugent, selon Marc, qu'il était *passible de mort*[28]. Ce sont les mêmes mots que rapporte Matthieu : il est passible de mort[29]. Luc n'ajoute rien après que les sanhédrins eurent dit : « Qu'avons-nous encore besoin de témoignage ? Nous l'avons entendu nous-mêmes et de sa bouche[30]. » Jésus a en effet fourni lui-même le motif de sa condamnation.

Et les gardes et la valetaille lui crachent dessus, le rouent de coups et le soufflettent. Prophète ! lui disent-ils, lui décernant le titre qu'ils ont entendu comme un blasphème : Messie. A cette séance semi-nocturne inhabituelle du Sanhédrin, accompagnée jusqu'au lever du jour de brutalités et de vexations, suit, selon Marc, une réunion matinale. De celle-ci on ne connaît que le résultat : « Ils lient Jésus et l'emmènent pour le livrer à Pilate[31]. » Le verbe « livrer » apparaît comme un leitmotiv tout au long du récit et comme le terme procédural de la Passion. Sans doute les grands prêtres, les anciens et les scribes ont-ils délibéré au petit matin, en conclusion de l'audience nocturne, d'où le mot « tinrent conseil » – symboulion –, pour convenir des chefs d'inculpation à faire valoir auprès du préfet romain.

4

Jésus a-t-il été condamné par le Sanhédrin ?

Pour beaucoup d'historiens du droit et d'exégètes, Jésus a été condamné et mis à mort pour blasphème par le Sanhédrin unanime. S'il n'a pas été lapidé conformément à la loi mosaïque, c'est que, au temps de Jésus, les juifs n'avaient plus le droit de faire exécuter une sentence de mort. Ce point semble d'ailleurs incontestable. Flavius Josèphe, une Baraïta du Talmud de Jérusalem et Origène le rapportent également ; et Jean, qui transcrit une réponse des grands prêtres au préfet Pilate leur demandant de le juger eux-mêmes :

– Prenez-le, vous le jugerez selon votre loi.

– Nous n'avons le droit de tuer personne [1].

Le *jus gladii* appartenait au gouverneur romain. Pour Joseph Blinzler, exégète catholique, une condamnation aurait été prononcée et résulterait des paroles de Marc en XIV-64. Elle serait conforme à l'annonce de Jésus lui-même en X-33 que les sanhédrins le condamneraient à mort. Que les deux autres synoptiques soient imprécis ne change rien, selon lui, au fait qu'une « sentence formelle de mort » ait été prononcée. Mais il ne s'attache pas au fait que Jean ne rende pas compte de la comparution du Sanhédrin, alors que sa tendance est évidemment de majorer la responsabilité des juifs dans la mort de Jésus.

Si Simon Legasse, dans le premier tome du *Procès de*

Jésus, constate que Jésus n'a eu à affronter que le seul « tribunal romain [2] », dans le second volume d'exégèse consacré aux évangélistes il écrit que Jésus a été, selon Marc et Matthieu, « condamné à mort » par les autorités juives. Mais, si l'on reprend le texte grec, si *katakrimein* signifie condamner à mort, l'emploi de *katékrima* doit se traduire par « passible de mort ». C'est d'ailleurs la traduction retenue par Jean Grosjean, dans la bibliothèque de la Pléiade, et par l'École biblique de Jérusalem, dans la Bible de Jérusalem.

Si les membres du Sanhédrin, interpellés par le grand prêtre – « Il a blasphémé ! Qu'avons-nous encore besoin de témoins ? Là, vous venez d'entendre le blasphème ? Qu'en pensez-vous [3] ? » – répondent : « Il est passible de mort », cette réponse n'est pas une décision de condamnation à mort. C'est en quelque sorte un arrêt de mise en accusation suivi d'une décision de prise de corps : « Et après l'avoir ligoté, ils l'amènent et le livrent à Pilate le gouverneur [4]. » Tout comme une chambre d'accusation estime que les faits retenus constituent un crime et prononce la mise en accusation devant la Cour d'assises, le Sanhédrin a jugé que le blasphème était caractérisé et que Jésus « méritait la mort » ou « était passible de mort », mais ont renvoyé à Pilate qui pouvait soit condamner Jésus, soit l'acquitter.

Si Jésus avait été condamné à mort par le Sanhédrin, sous la seule réserve de la ratification par le gouverneur de sa décision, Jean n'aurait pas passé sous silence le « procès juif ». Certes, l'arrestation de Jésus est le fait des autorités juives, la volonté de le faire périr est leur volonté, et elle a été prise de longue date. C'est aussi sur leur initiative que Jésus prononce devant eux les paroles qui le condamnent. Mais judiciairement aucune condamnation à mort n'a été prononcée par le Sanhédrin comme celui-ci en avait le droit selon la loi mosaïque. Profanateur de la Thora et perturbateur du culte du Temple, selon l'accusation des grands prêtres, il était blasphémateur et pouvait être condamné à mort.

Après que le grand prêtre eut procédé à l'enquête et à l'interrogatoire de Jésus, le Sanhédrin avait, aux termes de la procédure sadducéenne et de la loi mosaïque, les moyens de juger et de condamner à mort Jésus.

Les Romains seuls ont condamné et exécuté Jésus. Quelques commentateurs allant plus loin contestent l'historicité de la procédure devant le Sanhédrin et tentent ainsi d'exonérer les autorités juives de toute responsabilité morale en faisant valoir un certain nombre d'irrégularités au regard des principes du droit criminel juif, tels qu'ils sont consignés dans la Michna. La Michna est la consignation par écrit, tardive, de la Thora orale comportant le droit pénal juif. Les commentaires faits sur la Michna elle-même composent la Guemarâ qui donnera naissance aux Talmuds de Jérusalem et de Babylone au ve siècle. Ces irrégularités sont :

– Les procès au criminel ne pouvaient avoir lieu au cours de séances nocturnes et ne pouvaient non plus se tenir le jour des préparatifs du sabbat, soit le vendredi, et moins encore la veille de Pâques. Au surplus, une condamnation à mort ne pouvait intervenir au cours de la même séance et ne pouvait être proclamée que le lendemain du procès.

– Aucun témoin à décharge n'a été entendu et aucune défense n'a été mise à la disposition de l'accusé. Ce qui a conduit de nombreux commentateurs, historiens du droit, avocats et magistrats, à qualifier le procès de forfaiture. L'avocat général Dupin, le premier, en 1828, montrera que les formes de la justice avaient été grossièrement violées dans le procès de Jésus [5].

– De même les plus jeunes sanhédrins devaient opiner avant les anciens afin de ne pas être influencés par eux. Or, Kaïphe exprime le premier son opinion sur la culpabilité avant de provoquer un vote unanime. Il y avait portant dans le droit criminel juif une disposition qui prévoyait que, en cas de décision unanime de culpabilité, l'accusé était immédiatement libéré.

– Il est enfin une règle de la Michna qui paraît être

traditionnelle : nul ne peut être condamné sur son propre aveu. Mais cet argument ne tient pas : il ne s'agit pas de condamner Jésus sur son aveu, mais de constater que ses déclarations sont blasphématoires, prononcées en public, et que le public en a été témoin.

Mais ces objections et toutes les irrégularités relevées par d'autres commentateurs se réfèrent aux principes contenus dans la Michna qui fut consignée par écrit à la fin du IIe siècle après Jésus-christ, c'est-à-dire plus d'un siècle après la datation la plus tardive des évangiles. Rien ne permet de soutenir que ces prescriptions inspirées par les pharisiens aient été en vigueur dans le Sanhédrin à l'heure de Jésus. Rien ne prouve non plus que le droit pénal traditionnel ait été modifié au cours des deux premiers siècles de notre ère, entre le procès de Jésus et la transcription de la procédure pénale juive dans la Michna. Ainsi la Michna ne prouve-t-elle rien quant à la légalité ou à l'illégalité du procès [5]. D'ailleurs, ni les évangélistes, ni l'Église primitive n'ont accusé les sanhédrins d'avoir violé leur loi, ce qu'ils n'auraient pas manqué de faire. N'oublions pas que Pierre déclare dans son premier sermon que les juifs « ont livré le Messie et l'ont supprimé en le faisant clouer à la Croix *par les mains des iniques* [6] ».

Aucune disposition du droit pénal sadducéen n'empêchait donc le Sanhédrin de juger Jésus au cours d'une séance nocturne –, qui s'est d'ailleurs tenue le matin, selon Marc –, et de le remettre à Pilate à la veille du sabbat. Si la condamnation avait été prononcée par le Sanhédrin, c'est la lapidation qui aurait été la mise en exécution de la condamnation à mort. Il résulte de Jean (« que celui de vous qui est sans péché lui jette la première pierre », dit Jésus de la femme adultère) que la lapidation était bien pratiquée au temps de Jésus [7]. Le premier martyre chrétien sera d'ailleurs lapidé pour avoir répudié l'autorité de la Thora et la fréquentation du Temple [8].

Ainsi le Sanhédrin n'a pas condamné Jésus à mort.

Ainsi ce que firent Kaïphe et les autres chefs juifs ne rend pas tout le peuple juif d'alors responsable de la condamnation de Jésus, ni plus tard, ni aujourd'hui, et ne légitime pas la meurtrière accusation de déicide.

On ne peut cependant évacuer du procès historique, comme l'ont fait Martin Buber, Jules Isaac ou Charles Guignebert, le rôle initiateur et décisif des pouvoirs religieux juifs dans le processus judiciaire qui allait aboutir à la condamntion de Jésus par le gouverneur romain et à sa crucifixion comme *auctor seditionis et tumultus.* Ce serait évacuer l'attaque frontale contre le cœur du judaïsme – la Thora et le Temple. Il suffisait de la laïciser sous la forme d'une revendication royaliste pour laisser craindre un ébranlement social et politique pour l'autorité et la souveraineté romaine et entraîner un verdict de culpabilité.

Certes, c'est bien comme « blasphémateur » que le Sanhédrin juge Jésus *passible de mort.* Sa réponse au grand prêtre est l'ultime scandale au terme d'une prédication scandaleuse de la Galilée à Jérusalem. Dans les antithèses du Sermon sur la Montagne, après les transgressions publiques du commandement du sabbat, Jésus s'est placé au-dessus de l'autorité de la Thora. Au-dessus de Moïse. Il révèle Dieu autrement que l'enseignent les gardiens de la Loi. Alors que le droit de grâce n'appartient qu'aux seuls grands juges, Jésus pardonne le péché des pécheurs et des déchus, des sans-loi et des transgresseurs de la Loi. Ce qui était se faire Dieu soi-même. Par conséquent blasphémateur. Jésus blasphémait déjà en partageant la vie des pécheurs et des publicains. Sa prétention est contredite par sa pauvreté ; sa revendication par sa faiblesse humaine. Son conflit avec la loi devait le conduire à être rejeté et condamné par des gardiens de la Loi.

Mais Jésus n'a pas subi le châtiment réservé aux « blasphémateurs », la lapidation[9]. Jésus fut crucifié par le pouvoir romain occupant comme « séditieux » ; sur l'ordre du préfet Pilate. Ponce Pilate mettra en application une disposition que l'on trouve dans le Digeste –, connu également sous le mot grec de Pandectes –, sous la plume du juriste Paul. Si la publication officielle du digeste est du 16 décembre 533, sur ordre de l'empereur Justinien, les textes réunis sont anciens et, pour ce qui concerne les dispositions pénales, elles étaient d'une particulière stabilité dans le monde romain. Le texte sur lequel se fondera donc Pilate, même si aucune sentence écrite ou prononcée n'a été mentionnée, doit être le suivant : « Les auteurs de sédition ou de troubles en excitant le peuple ou bien sont portés en croix, ou sont jetés aux bêtes, ou sont déportés dans une île, suivant la classe sociale à laquelle ils appartiennent [10]. »

5

Pilate, préfet

Ponce Pilate, que Tibère envoya comme préfet en Judée en 26 de notre ère, doit sa notoriété, plus qu'à une allusion de Tacite dans les *Annales*, à la tradition évangélique et à la mention de son nom dans le Credo des confessions de la foi chrétienne : « Il souffrit sous Ponce Pilate, fut crucifié, mourut et fut enseveli... » On trouve son nom dès le IIIe siècle dans la question posée aux futurs baptisés : « Crois-tu au Christ Jésus, Fils de dieu, qui est né par le Saint-Esprit de la Vierge Marie, a été crucifié sous Ponce Pilate, est mort, est ressuscité le troisième jour [1] ? » Ainsi Pilate date et localise par son nom et sa fonction ce moment de l'histoire humaine.

Mais il y eut parfois dans un XIXe siècle plus que critique, et sous l'influence ensuite de l'école allemande de démythologisation de Bultmann, mettant en doute l'historicité de nombre d'affirmations des Évangiles, un doute sur l'historicité du procès qui s'étendit jusqu'à l'existence même de Pilate. Et ceci bien que Tacite, Flavius Josèphe et le philosophe Philon le mentionnent. Mais, en 1961, la mission archéologique italienne a mis à jour, sur le site de l'ancien théâtre romain de Césarée, construit sous Hérode le Grand, une pierre sur laquelle est gravée une inscription burinée mentionnant le nom de Pilate. C'est là l'unique témoignage épigraphique du séjour de Pilate en Judée. Mutilée et retaillée au moment de son réemploi, cette pierre n'est que partiellement lisible.

. . .]S TIBERIEVM

. . . PON]TIVSPILATVS

. . PRAEF]ECTVSIVDA[EA]E

Elle est intéressante en ce qu'elle nous donne après le nom de Pilate son titre : *praefectus judae.* Conservée par le service d'antiquités du musée d'Israël à Jérusalem, elle a donné lieu à plusieurs restitutions, notamment sur l'identification du tiberium qui suppose que le bâtiment est dédié à Tibère, mais sans qu'on puisse dire si la dédicace est celle d'un temple où auraient été rendus à l'empereur des honneurs divins, ou celle de toute autre construction. Reste que l'inscription atteste du gouvernement de Pilate en Judée, de son titre de préfet et de sa dévotion officielle à l'Empereur.

La Judée constituait depuis l'an 6 après Jésus-Christ, pour utiliser la datation actuelle, une province impériale confiée à un gouverneur de l'ordre équestre. Cette province comprenait la Judée, l'Idumée palestinienne et la Samarie. Elle était distincte de la puissante province de Syrie confiée à un légat de l'empereur, sénateur, qui disposait de troupes importantes auxquelles le gouvernement de Judée pouvait faire – et fit – appel pour maintenir la paix romaine. Cette organisation de la Judée en province distincte, bien que dépendante de fait de la Syrie, s'explique par le particularisme national et religieux de ses habitants et leur réputation de turbulence. Le titre de praefectus est authentifié par l'épigraphie et est conforme à la fonction de gouvernement – *hegemon.*

Une difficulté résulte de ce que Flavius Josèphe [2] et Philon [3] qualifient Pilate d'*épitropos* et Tacite [4] de *procurator*, équivalent latin d'épitropos. Le procurateur, « celui qui a soin pour un autre », est un administrateur, notamment chargé de la levée de l'impôt, et il assiste à ce titre le préfet dans les provinces sénatoriales. Avec le règne de Claude, aux environs de 46, des procurateurs issus de la classe des chevaliers exerceront des fonctions de gouvernement. Mais, à la date de l'inscription, Pilate n'était pas un procurateur assistant un préfet ou faisant fonction de préfet. Il était préfet, « celui qui est établi à la tête de... », selon le sens original du mot. L'expression de Tacite, au début du IIe siècle, et alors que les procurateurs ont acquis le titre de gouverneur d'une province impériale de rang équestre, est donc un anachronisme. Pilate, gouverneur de la Judée, n'est pas procurateur, mais préfet.

Les pouvoirs d'un gouverneur de rang équestre, pleinement autonome malgré la proximité de son puissant voisin, le gouverneur de Syrie, sont les pleins pouvoirs. Il ne rend compte qu'à l'Empereur. L'*imperium*, c'est-à-dire le pouvoir administratif suprême sur un territoire déterminé, comprend par conséquent la justice criminelle et au civil le droit de dire le droit. Le préfet est naturellement l'autorité judiciaire suprême. S'il accepte les coutumes et les lois locales, et s'il laisse les tribunaux indigènes les appliquer, notamment en Judée où le Sanhédrin a le droit de traiter les procès au criminel et même de prononcer des sentences de mort, « le droit de vie et de mort » appartient au seul préfet. Ce sont les pouvoirs que Flavius Josèphe attribue à Coponius, le premier gouverneur de Judée [5]. Le gouverneur avait besoin de ce pouvoir pour poursuivre et faire éventuellement exécuter ceux qui mettraient en danger l'ordre impérial [6].

Cette perte par le Sanhédrin de son pouvoir d'exécution en matière de peine capitale est confirmée par divers textes rabbiniques et les Talmuds de Jérusalem et de Babylone [7] ; ils fixent cette perte à quarante ans avant la destruction du Temple, c'est-à-dire précisément au temps de Pilate, en 30. Et Flavius Josèphe le confirme en rapportant que le grand prêtre Amon avait profité d'une vacance du gouverneur de la province pour faire exécuter l'apôtre Jacques [8]. La réplique des juifs à Pilate, rapportée par l'Évangile de Jean, confirme ce que nous savons des pouvoirs d'un gouverneur dans l'ensemble de l'empire, et en particulier en Judée : « Il ne nous est pas possible de mettre quelqu'un à mort » (Jean XVIII-31 b). Seul le gouverneur pouvait poursuivre l'action judiciaire jusqu'à la mort de celui dont il avait décidé la perte. La lapidation d'Étienne, en présence de Saül de Tarce, ne contredit pas cet imperium puisque, selon le commentaire de la traduction de la Bible de Jérusalem : « Au lieu d'un jugement en règle rendu par le Sanhédrin, on assista à un lynchage populaire [9]. »

A quel endroit se situe le *prétoire*, lieu où Jésus fut « emmené chez Pilate » où ses accusateurs ne voulurent pas entrer, et où l'on vit Pilate « rentrer » deux fois pour interroger Jésus après avoir parlé avec eux [10] et où les soldats « ramenèrent » Jésus après sa condamnation [11] ? Faut-il le situer à l'Antonia, la forteresse qui se trouvait selon Flavius Josèphe [12] à l'angle ouest du Temple, ou au palais d'Hérode, siège du gouverneur, sur la colline occidentale ? La première localisation a pour elle la tradition qui remonte pour le texte le plus ancien à celui du pèlerin de Bordeaux, daté de 333 [13] ; la seconde localisation semble plus conforme aux textes évangéliques. C'est celle que nous croyons pouvoir retenir pour des raisons philologique, juridique et historique analysées par P. Benoit [14]. La question est importante pour l'itinéraire que suit aujourd'hui le chemin de croix.

Notons d'abord que le prétoire n'a pas le sens contemporain synonyme de salle d'audience d'un tribunal, ni même celui, à Rome, de tribunal où le prêteur rendait la justice, d'où est venu par analogie le mot français de prétoire. Le mot latin pretorium est le palais ou la résidence du préfet dans le chef-lieu de la province dont il avait le gouvernement. A l'origine le terme était militaire, c'est la tente où se tient dans un camp le prêteur ou général en chef. A l'heure où Kaïphe fait conduire Jésus à Pilate, au prétoire, c'est de la résidence officielle du représentant de Rome qu'il s'agit. Selon Philon, le palais d'Hérode s'appelle « maison des gouverneurs [15] ». L'unique prétoire devait donc être le palais royal d'Hérode, le bâtiment le plus imposant et le point le plus important de Jérusalem, résidence normale du préfet romain. Le terme « aulé » employé par Marc [16] se réfère expressément à la cour : « Les soldats l'emmenèrent à l'intérieur de la cour, c'est-à-dire dans le prétoire », et, plus tôt, au moment du reniement de Pierre, il dit « en bas dans la cour [17] ». Mais les deux termes de cour et prétoire apparaissent identiques et renvoient par conséquent au palais royal. « Il convoque toute la cohorte [18] » et « les soldats du gouverneur [19] », la cohorte prétorienne – c'est la garde personnelle du préfet dont le lieu de résidence est le prétoire du gouverneur. Le prétoire apparaît donc bien être le palais. Le tribunal lui est extérieur, devant la façade, dressé sur une estrade. C'est ainsi que Florus rendait la justice devant ce palais selon Flavius Josèphe [20].

C'est là, sur sa chaise curule, après l'interrogatoire de Jésus dans l'auditorium, que Pilate prononcera la sentence de mort en présence des accusateurs qui n'ont pas voulu le suivre à l'intérieur du prétoire lors de la phase de l'instruction. La coutume exigeait en effet que le jugement fût prononcé en public. En l'absence de ministère public dans le droit pénal romain, ce sont les parties intéressées qui jouent le rôle d'accusateurs, par conséquent ce sont les grands prêtres. L'accusé doit pouvoir se défendre et parfois être défendu. Le préfet jugeait seul, à la différence des soixante et un juges composant le Sanhédrin, après avoir pris souvent l'avis d'assesseurs [21].

C'est précisément ce que rapporte l'Évangile de Jean : « Pilate amena Jésus dehors, s'assit à son tribunal au lieu appelé " lithostrôt " ou en hébreu " gabbatha [22] ". » Le sens étymologique du mot employé par Jean est celui de pavement de pierre, ce qui devait correspondre à la place, ou partie de la place se trouvant devant le palais. Ce pavement est d'ailleurs décrit par Flavius Josèphe. Le mot araméen gabbatha apparaît désigner topographiquement cette partie de la ville haute, c'est-à-dire la place se trouvant devant le prétoire au palais de Pilate.

Sur Ponce Pilate, en dehors de sa décision de laisser crucifier Jésus malgré ses réticences propres, Tacite, Philon et Josèphe nous rapportent plusieurs faits graves qui montrent qu'il s'est placé à plusieurs reprises, faute de sens politique et du sens de la mentalité juive, dans une situation critique.

Une notation de Luc pour indiquer la circonstance qui a permis à Jésus d'adresser à tous un appel à leur repentance permet de constater le caractère cruel du préfet : « Au même moment, voilà que des gens lui annoncèrent ce qu'il en était de ces Galiléens dont Pilate avait mêlé le sang à celui de leurs sacrifices. » Il s'agit sans doute de pèlerins galiléens qui furent massacrés par les légionnaires de Pilate, au cours d'un pèlerinage à Jérusalem, sans doute parce qu'ils protestaient contre la mise en place des portraits de l'empereur dans le Temple. « Pensez-vous de ces Galiléens, dit Jésus aux foules qui l'écoutent, pour avoir souffert tout cela, qu'ils aient été autrement pécheurs que tous les autres Galiléens [23] ? »

Dans cet épisode dit des effigies de César, Pilate avait, de nuit, déployé à Jérusalem les enseignes qui représentaient les effigies de César, sans prêter attention aux lois juives qui ne permettaient pas d'exposer des figures dans la ville. Devant les manifestations des juifs à Césarée, citadins et gens de campagne réunis, et leur violente réaction, Pilate, après avoir menacé, ayant pris place sur son tribunal et constatant qu'ils étaient prêts à mourir plutôt que de transgresser leur loi, au bout de six jours recule et ordonne de retirer sur-le-champ les enseignes de Jérusalem [24]. Il aurait voulu, sans égard pour leur sensibilité religieuse, que les Judéens se comportent comme partout les peuples assujettis dans l'empire, mais en même temps, prudent, il fait marche arrière.

L'épisode des boucliers dorés est rapporté par Philon. Le roi Agrippa donne en exemple à l'empereur Caïs, pour le dissuader de laisser édifier sa statue dans le Temple, le précédent des boucliers votifs introduits dans le palais des gouverneurs par Pilate ; celui-ci est violemment désavoué par Tibère sur la menace des notables juifs d'envoyer une ambassade à l'empereur. Le paragraphe 302 est une rétrospective des activités de Pilate : « Il tremble que si effectivement ils députaient une ambassade, ils n'allassent fournir des preuves de sa culpabilité pour tout le reste de son administration en donnant le détail de ses concussions, de ses violences, de ses rapines, de ses brutalités, de ses tortures, de la série de ses exécutions sans jugement, de sa cruauté épouvantable et sans fin [25]. »

« Après cela, Pilate provoqua de nouveaux troubles » rapporte Flavius Josèphe [26] en utilisant le trésor sacré, réservé aux sacrifices, sans demande préalable, pour effectuer une adduction d'eau. Et lorsque les juifs en colère manifestent, il les fait bâtonner. La violence des soldats provoque beaucoup de morts. « Le peuple est frappé de terreur par le malheur des victimes. »

Le dernier épisode [27] rapporté par Flavius Josèphe est le récit du massacre des Samaritains sur ordre de Pilate pour réprimer une manifestation. Il montre ainsi que Pilate croit plus à l'exemplarité des exécutions qu'à la persuasion pour maintenir la sécurité publique. Sur la protestation des Samaritains auprès de Vitellius, gouverneur de Syrie, Pilate reçut l'ordre « de s'en aller à Rome afin de renseigner l'empereur sur ce dont l'accusent les Samaritains ». Ainsi Pilate perdit-il sa place sans protester. Mais Josèphe conclut son récit : « Pilate donc, après dix ans passés en Judée, se hâtait vers Rome, obéissant aux ordres de Vitellius qu'il ne pouvait pas rejeter. Mais avant qu'il atteigne Rome, Tibère le devança en quittant la vie. » Pilate sort alors de l'Histoire. On ne sait ce que furent les suites de cette affaire et s'il y eut une suite.

Une importante littérature apocryphe prolonge son destin. Justin, dans sa première *Apologie*, conjecture la présence dans les archives romaines d'un rapport de Pilate que l'on pourrait consulter et qui confirme les prophéties de l'Ancien Testament. Tertullien à son tour, dans son *Apologétique*, considère comme acquis que Pilate a fait un rapport à Tibère sur les événements relatifs au Christ. Faute de le retrouver, les auteurs chrétiens en fabriqueront d'apocryphes, tel un rapport de Pilate à l'empereur Claude.

Plus importants sont ce qu'on nomme aujourd'hui les *Actes de Pilate*, et, plus justement, *l'Évangile de Nicodème*, évangile apocryphe dont il existe des versions grecque, latine, copte, syriaque, slave... Ils se présentent comme la traduction par un garde du camp, « de rang prétorien et jurisconsulte », d'actes rédigés par des juifs en langue hébraïque au temps du Christ. Si ces Actes de Pilate ont sans doute été rédigés au IVe siècle, le texte le plus ancien que nous possédions est du Ve siècle. Mais les traductions peuvent être plus anciennes, et c'est peut-être à de premières versions que se réfèrent Justin et Tertullien. Les chapitres I à XI traitent librement du procès de Jésus et de sa mort en associant des traits peut-être imaginaires à de nombreux textes évangéliques. Devant Pilate bienveillant, les grands prêtres et les scribes accusent Jésus pour des raisons qui sont précisément les leurs : « Nous savons qu'il est le fils de Joseph le charpentier et qu'il est né de Marie. Or il se prétend fils de Dieu et roi ! En outre il viole le sabbat et veut détruire la loi de nos pères [28]. » A la différence des Évangiles canoniques, cet évangile apocryphe fait témoigner à décharge une douzaine de témoins. Et c'est sur la pression des juifs, bien que convaincu de son innocence, que Pilate condamne Jésus : « Ta nation t'a confondu, tu te proclames roi. » Il est évident que le rôle de Pilate est apprécié avec faveur, d'où sans doute cette appellation par ailleurs inexplicable d'Actes de Pilate. De lui il est d'ailleurs dit : « Aujourd'hui l'incirconcis selon la chair, mais circoncis par le cœur, a pris l'eau et s'est lavé les mains, à la face du soleil, disant : je suis pur du sang de ce juste [29]. » Cette indication s'inscrit dans la tradition évangélique tardive qui cherchera à réduire la responsabilité de Pilate lors du procès de Jésus et à en charger les juifs. Pilate en arrive à jouer un rôle positif dans l'apologétique chrétienne. C'est bien la direction donnée par Justin et Tertullien. Et lorsque Celse oppose à la ferveur chrétienne le fait de « la condamnation de Jésus », Origène répond : « C'est moins Pilate qui l'a condamné que la nation juive. » Toute exaltation de Pilate a donc pour contrepartie la condamnation des juifs. Pilate innocenté devient le jouet des juifs. Nous allons voir ce qu'il en fut.

6

Le procès romain

Si les grands prêtres et les scribes recourent aux Romains pour les débarrasser d'un indésirable, blasphémateur et perturbateur de la Loi, ceux-ci ne sont pas les exécuteurs des vœux du Sanhédrin. Les Romains ne pouvaient agir que selon leur droit, sous leur responsabilité, et instruire un procès romain. Ce fut donc bien un procès romain que présida Pilate, mais un procès inspiré par la maxime : *salus populus suprema lex est*... « Le salut du peuple romain est la loi suprême [1]. »

C'est après la levée du jour, selon les habitudes romaines qui sont matinales, que les sanhédrins, qui ont dû clôturer leur délibération à l'aube, accompagnés de leur police, « livrent » à la résidence officielle du préfet Jésus ligoté. Ils sont accompagnés par les clameurs et les vociférations de la même foule qui avait acclamé Jésus lors de son entrée sous les rameaux à Jérusalem. Les clameurs et les acclamations font partie des mises en accusation publiques en Orient, et des usages de la procédure criminelle chez les Romains dans les provinces, comme d'ailleurs à Rome dans les jeux du cirque. Au point que certains ont soutenu que c'est la foule, présente tout au long du procès, qui aurait eu le pouvoir judiciaire. Il s'agirait d'un véritable « envoi au supplice par acclamations populaires [2] ».

Les débats devant Pilate sont rapportés par les quatre

évangélistes. Le récit premier de Marc est enrichi par divers épisodes insérés par Matthieu et Luc. Le récit de Jean est beaucoup plus développé et comporte six séquences distinctes, avec des précisions topographiques et chronologiques ; et il rapporte plus longuement les réponses de Jésus à Pilate. Parce que celles-ci porteraient la marque de théologie de Jean et que les propos rapportés ont été tenus à l'intérieur du prétoire, sans témoins oculaires, leur historicité est parfois contestée [3]. Simon Legasse va plus loin : « Aucune des quatre versions ne peut passer pour un compte rendu exact des faits. » Mais il suffit de comparer les chroniques judiciaires de quatre quotidiens rendant compte de nos jours d'un grand procès politique devant une juridiction réunie dans des conditions exceptionnelles – « le plus interminable des procès hâtifs » titre Chalom Ben Chorin, du procès de Jésus – pour constater que le choix des scènes et des propos rapportés donne des versions objectivement exactes et historiquement honnêtes, et cependant profondément différentes et parfois contradictoires d'une même audience. Nous allons voir que les récits des synoptiques, succincts et même sommaires, et du quatrième Évangile ne sont pas inconciliables. Ils se complètent sans se contredire. L'interprétation théologique d'une histoire vraie ne fausse pas la vérité de l'histoire racontée. Et il est plus que vraisemblable que les propos échangés par Pilate et Jésus n'ont pas été tenus en tête à tête, à huis clos, mais en présence des assesseurs du préfet et de l'interprète qui traduit vraisemblablement de l'araméen en grec, langue en usage dans les débats judiciaires, les réponses de l'accusé. L'interprète est l'acolyte nécessaire généralement oublié des relations contemporaines. Il y avait sans doute aussi des auditeurs, car l'accès à l'intérieur du prétoire était alors plus aisé que dans nos palais officiels.

Arrivés au prétoire, selon Jean, les sanhédrins « n'entrèrent pas ». La demeure d'un idolâtre est impie.

Ils ne veulent pas se souiller pour manger la pâque. « Pilate, sûrement au courant de cette interdiction légale », sortit donc au-dehors, et il dit :

– Quelle accusation portez-vous contre cet homme ?

– S'il n'était pas un malfaiteur, nous ne l'aurions pas livré.

– Prenez-le, vous le jugerez selon votre loi.

– Il ne nous est pas permis de mettre quelqu'un à mort [4].

A la question de Pilate, la réponse des juifs est embarrassée. Et d'autant plus qu'on peut supposer que Pilate est déjà informé du motif de l'accusation – le blasphème – puisqu'il renvoie d'abord l'accusé à leur compétence de juges religieux. Un prêteur romain ne se soucie pas de la loi juive. Les Actes des Apôtres nous le confirment [5]. Quand Paul fut dénoncé par les juifs de Corinthe au proconsul en disant : « Cet individu cherche à persuader les gens d'adorer d'une manière contraire à la Loi » – et on voit que c'est l'accusation même portée contre Jésus –, le proconsul Gallien (frère de Sénèque) leur dit : « S'il est question de quelque délit ou méfait, j'accueillerai, juifs, votre plainte comme de raison. Mais puisqu'il s'agit de contestation sur des mots et des noms et sur votre propre Loi, à vous de voir ! Je me refuse d'être juge en ces matières. » Et il les renvoya du tribunal [6]. De même Pilate, en voulant renvoyer Jésus devant les grands prêtres, constate implicitement que l'accusation portée contre lui ne relève pas du droit romain et ne mérite pas la mort. A sa première question, la répartie des accusateurs qui veulent mettre en mouvement l'action publique romaine est en effet vague :

– Si ce n'était pas un malfaiteur nous ne l'aurions pas livré.

Ils sont obligés alors de se démasquer, mais en même temps de l'accuser d'un crime passible de mort selon le droit romain, d'un crime politique. Ils ne pouvaient obtenir l'exécution de Jésus s'ils l'avaient accusé de blasphème. La complaisance de Pilate pour le Sanhédrin ne l'aurait pas fait pour autant son bras armé. L'accusation de blasphème ne sera plus reprise alors que nous savons qu'elle a motivé l'avis unanime du Sanhédrin que Jésus devait mourir selon la Loi pour s'être placé au-dessus de la Loi. Luc indique alors les motifs que le gardien de l'ordre peut entendre :

– Nous l'avons trouvé en train de pervertir notre nation, d'empêcher qu'on paie les impôts à César et de se faire passer pour un Christ roi [7].

L'accusation contre Jésus de s'opposer à la levée des impôts est évidemment insoutenable ; ils n'avaient, au contraire, pu le mettre en défaut quand ils lui avaient posé la question piège de l'impôt versé à César. Jésus leur avait répondu : « Rendez à César ce qui est à César... » Mais elle est une accusation toujours terrible.

C'est dire pourquoi Luc en XII-2 met en relation le paiement de l'impôt, considéré par les zélotes un peu comme le critère de l'infidélité au judaïsme, avec le procès et la condamnation de Jésus. La dénaturation de la parole de Jésus nous renvoie à sa réponse délibérément énigmatique. Jésus, en effet, ne se compromet pas. Les pharisiens et les hérodiens, qui veulent écarter Jésus, lui avaient posé la question : « Devons-nous ou non payer l'impôt à César ? » « pour le prendre au piège par une parole » (Marc XII-13). Ou Jésus répondait oui, satisfaisant les hérodiens, et il passait alors pour être comme eux un collaborateur des Romains s'aliénant le peuple qui mettait pourtant en lui son espoir, ou il répondait non, et, satisfaisant les pharisiens, il apportait le prestige de son autorité aux zélotes avec lesquels il n'avait jamais voulu être associé. Jésus échappe à l'alternative par sa réponse.

Cette réponse fonde l'autonomie du pouvoir temporel en Occident. Mais Jésus ne met pas à égalité pour autant Dieu et César (ou Mamon). Avec ironie, il reconnaît à l'État le droit de réclamer l'impôt. Même à l'État romain qui n'a aucun droit sur la Palestine. Il ne s'agit que de rendre à l'empereur ce qui revient à l'empereur. Mais il est clair que l'impôt est la limite des droits de l'État. Jésus ne donne pas à l'État ce qui est à Dieu. Toute prétention au-delà est totalitaire, et rejetée. Ce qui signifie que toute réclamation de l'État à l'égard de ce qui est à Dieu est irrecevable. La résistance est alors légitime. On voit que, par cette parole, Jésus inaugure une nouvelle relation de la personne et de l'État.

Mais ce n'est pas l'incitation prétendue à ne pas payer l'impôt qui est décisive, c'est de présenter Jésus comme « le roi des juifs ». L'interrogatoire de Jésus par Pilate tient en une question :

– Es-tu le roi des juifs [8] ?

L'expression « roi des juifs » est la formule laïcisée du titre messianique « roi d'Israël » et de « Messie ». Passant du religieux au politique, le terme de roi change de sens et dénature délibérément l'accusation même qu'ils ont portée contre lui. C'est précisément parce qu'il ne se présente pas comme un Messie libérateur national, qu'il n'a ni dignité ni fonction, qu'il n'est que le fils d'un charpentier, qu'il prétend à se faire Dieu lui-même, et qu'il se tourne vers les pécheurs et les hommes déchus que les grands prêtres, les scribes et les anciens l'ont jugé passible de mort. Devant Pilate, les hiérarques portent une accusation qu'ils savent mortelle. C'est le *Crimen majestatis populi romani.* L'atteinte directe à l'Empire romain et à l'empereur. Les prétendants à la royauté n'avaient pas manqué dans un passé récent : Judas, fils d'Ezéchias, et Judas le Galaunite. A raison de l'occupation romaine, avec la présence de soldats païens et les levées d'impôts, des groupes de résistance, qualifiés souvent de « zélateurs de la Loi », se multipliaient. Les textes de Qumrân font état d'une fièvre apocalyptique dans l'attente d'un prophète eschatologique en charge de « la délivrance d'Israël [9] ». Les risques de passage à une action violente, terroriste et insurrectionnelle, en cas de reconnaissance d'un homme comme Messie étaient donc une éventualité envisagée par les responsables du maintien de l'ordre [10].

A la question abrupte, la réponse lapidaire de Jésus qui nous est donnée par les trois synoptiques n'est pas un simple oui, qui renverrait à une prétention terrestre, ni un nom qui contredirait sa messianité spirituelle :

– Tu le dis.

Jésus aurait pu répondre : *dicis* (tu le dis), mais il précise : *tu dicis*. Jean Imbert propose de traduire *tu dicis* par « c'est *toi* qui le dis ». Jésus ne le nie pas, mais il ne l'affirme pas non plus sans restriction. « Tu le dis » est un acquiescement conditionnel. C'est la seule confession qu'un Romain puisse comprendre.

Jean complète et signifie le récit de ses prédécesseurs. La scène se passe à l'intérieur du prétoire de Pilate, laissant « les juifs dehors ». « Alors Pilate entra de nouveau dans le prétoire ; il appela Jésus et dit : – Tu es le roi des juifs ? »

Jésus répondit par une contre-question :

– Dis-tu cela de toi-même ou d'autres te l'ont-ils dit de moi ?

Pilate répondit en faisant retomber la responsabilité de la procédure sur les accusateurs juifs :

– Est-ce que je suis juif ? Ta nation et les grands prêtres t'ont livré à moi. Qu'as-tu fait ?

Jésus répondit :

– Mon royaume n'est pas de ce monde. Si mon royaume était de ce monde, mes gens auraient combattu pour que je ne sois pas livré aux juifs. Mais mon royaume n'est pas d'ici [11].

Jésus renvoie aux deux mondes, aux deux royaumes, selon saint Augustin et Thomas d'Aquin : la royauté n'est pas d'*ici* mais elle s'exerce *ici*, c'est-à-dire dans le monde. Les disciples du Christ ne sont pas *du* monde mais *dans* le monde.

Pilate lui dit :

– Donc tu es roi ?

Le titre de roi des juifs résume l'accusation ; et la condamnation, puisque la formule figurera sur l'écriteau du condamné : « Le roi des juifs », inscription que la mémoire populaire conservera.

Jésus répondit :

– Tu le dis, je suis roi.

Jésus attribue ainsi à Pilate la confession de sa messianité :

– Je ne suis né et je ne suis venu dans le monde que pour rendre témoignage à la vérité. Quiconque est de la vérité écoute ma voix.

Pilate lui dit, désabusé :

– Qu'est-ce que la vérité ?

Et le Christ ne répond pas à cette question, lui qui pourtant a dit à Thomas : « Je suis le chemin, la vérité et la vie. »

Mais Pilate a retenu que Jésus, à la question « qu'as-tu fait ? » a répondu : « Mon royaume n'est pas de ce monde. » Cette parole a son pendant dans ce qu'il a déjà déclaré aux juifs : « Vous, vous êtes de ce monde, moi, je ne suis pas de ce monde [12]. » La preuve est qu'il n'instaure pas de royauté avec les moyens qu'emploie le monde, c'est-à-dire, notamment, qu'il n'a pas de « gardes ». La conséquence est qu'il n'y a donc pas d'usurpation de pouvoir condamnable ni même de tentative punissable de prise du pouvoir. Pilate, alors, « ressort » du prétoire pour retrouver les grands prêtres qui sont sur le parvis et qui ont élevé l'accusation :

– Je ne trouve en lui aucun motif de condamnation.

Ce qui n'interrompt pas les vociférations de la foule et des scribes : « Ils insistaient, raconte Luc : il soulève le peuple, il enseigne dans toute la Judée, et même depuis la Galilée, où il a commencé et jusqu'ici [13]. » A ces paroles, Pilate, rapporte Luc, demande si « l'homme » était galiléen.

Sur la réponse affirmative, il constate que Jésus dépend de la juridiction d'Hérode Antipas, tétrarque de Galilée. Antipas est le fils d'Hérode le Grand. Et comme Antipas est à Jérusalem à cause de la pâque, Pilate le lui envoie. Au lieu de rejeter la plainte, dont il sait qu'elle est sans fondement, Pilate se dérobe ; il soulève son incompétence et évite ainsi de heurter de front les hiérarques puissants et vindicatifs, ou du moins demande-t-il alors ainsi son avis à Hérode Antipas pour partager les responsabilités d'un non-lieu [14].

Loisy, Goguel, Legasse doutent de l'histoire de cet épisode au motif que Luc est le seul à le rapporter et que l'intention apologétique du récit impliquerait qu'elle est une composition lucanienne. Mais il faut constater que Luc dispose d'une importante information sur Hérode Antipas. La source de cette information privilégiée peut être l'épouse de Chouza qu'il cite parmi les femmes qui accompagnent Jésus et qui virent les premières le ressuscité. Nous savons qu'elle était la femme d'un intendant d'Hérode (Luc, VIII-3). Rappelons que Luc, dans plusieurs épisodes, est le seul informé. Des arguments convaincants militent d'ailleurs pour recevoir ce récit comme l'écho d'un fait historique : l'argument psychologique d'abord, souligné par Jean Imbert : Hérode, dont la violence s'est exprimée quand il a fait décapiter Jean-Baptiste pour lui avoir reproché son second mariage avec Hérodiade, fille de son frère, sa nièce par conséquent, et à la demande de cette dernière [15], est aussi réputé pour son habileté procédurale. Tout comme Pilate, il est connu pour savoir se tirer de situations embarrassantes par des stratagèmes. Il a été informé dans sa capitale, Tibériade, de l'enseignement et des miracles de Jésus : « Ce Jean que j'ai fait décapiter s'est relevé [16]. » Les pharisiens ont informé Jésus de ce qu'Hérode voulut le tuer également, à quoi Jésus répondit au « renard » du Tibériade qu'il quitterait la Galilée pour Jérusalem et son destin lorsqu'il aurait accompli celui-ci [17].

Pilate peut donc espérer qu'Hérode trouve un motif de condamnation ou de relaxe. Il est d'autre part constant en droit romain – et c'est l'argument juridique exprimé dans deux passages du Digeste – que le gouvernement peut renvoyer un accusé devant la magistrature du lieu de sa résidence, *forum originis*. Or le Christ a passé la plus grande partie de sa vie, cachée puis publique, en Galilée ; c'est là qu'il a prêché la bonne parole.

Il est donc psychologiquement et juridiquement vraisemblable que Pilate, sachant Antipas présent dans son palais, qui bénéficie d'une sorte d'extra-territorialité, lui ait envoyé Jésus. La tradition va dans le même sens : les Actes des Apôtres, l'Évangile apocryphe de Pierre, la Didascalie le nomment comme ayant participé à la procédure. Ignace d'Antioche, sur la route de Rome où il va subir le martyre, écrit aux Smyrniotes pour les fortifier dans leur foi : « Véritablement percé de clous en sa chair, sous Ponce Pilate et Hérode le Tétrarque [18]. »

Hérode et Jésus, qui lui est amené par la garde, se trouvent ainsi face à face pour la première fois. Hérode en est tout « joyeux [19] ». « Car il y avait bon temps qu'il voulait le voir, à cause de ce qu'il en entendait. » Il lui pose de nombreuses questions. Il ne s'agit pas d'un interrogatoire judiciaire mais d'un questionnement prolifique – le texte dit « avec force paroles ». Mais Jésus reste froid et muet. Les grands prêtres et les scribes sont au contraire véhéments et volubiles. « Ils l'accusaient serré. » Mais il se tait. Hérode manifeste alors à Jésus son mépris ironique : il le fait affubler par ses valets d'un « habit splendide », un vêtement d'apparat, travestissement d'un manteau royal, manteau rouge ou plus vraisemblablement blanc (*candida*) comme celui des candidats romains à une charge publique.

Et Hérode renvoie Jésus à Pilate, tel que Jérôme Bosch l'a représenté. L'évangéliste ajoute ce commentaire mystérieux : « Le jour même, Hérode et Pilate devinrent amis alors qu'auparavant ils se haïssaient. » Ce qui pouvait s'expliquer pour Hérode par le massacre des Galiléens par la cohorte de Pilate un an auparavant, et de la part de Pilate parce qu'Hérode s'était rangé du côté des juifs protestataires lors de l'exposition des boucliers votifs dans Jérusalem. Ajoutons qu'Hérode Antipas avait, comme son père Hérode le Grand, les faveurs de l'empereur Tibère. Flavius Josèphe l'atteste. Quelques années plus tard, Hérode Antipas adressera à Tibère un rapport sur les pourparlers du gouverneur de

Syrie Vitellius avec les Parthes. Un rapport d'Hérode pouvait donc nuire à Pilate qui avait tout intérêt à s'accommoder avec lui. Envoyer à Hérode pour compétence ou pour avoir un avis sur un prophète galiléen, blasphématoire pour les uns, séditieux pour les autres, était donc un bon procédé politique.

Pilate est désormais seul face à ses responsabilités de juge romain. Il convoque donc les grands prêtres et les chefs du peuple et il leur dit :

– Vous m'avez présenté cet homme comme détournant le peuple et voilà que moi, qui l'ai jugé devant vous, je n'ai trouvé contre cet homme aucun des motifs dont vous l'accusez. Et Hérode non plus puisqu'il nous l'a renvoyé. Rien de ce qu'il a fait ne mérite la mort. Je vais donc le faire corriger et le relâcher [19].

Pilate a démasqué l'intention mauvaise des accusateurs : « Il savait, dit Marc, que les grands prêtres l'avaient livré par envie [20]. » Pilate, au lieu de remettre effectivement Jésus en liberté, pense alors associer la foule à sa décision en lui offrant de libérer Jésus puisque, à chaque fête, il relâchait un prisonnier, celui qu'on lui réclamait.

L'amnistie pascale, dont l'historicité commande celle de tout l'épisode, est rapportée par Matthieu, Marc, Luc et Jean. Les critiques opposent qu'elle n'est pas établie par ailleurs. Notamment parce que Flavius Josèphe n'en fait pas état comme exemple de la clémence de ses amis romains. Mais le fait que les quatre évangélistes rapportent l'épisode de l'échange entre Jésus et Barabbas est significatif. C'est une attestation multiple. Les précisions données par chacun nous donnent l'identité de Barabbas. Matthieu : « Alors ils avaient un prisonnier fameux nommé Barabbas [21]. » Marc : « Il y avait dans la prison le nommé Barabbas avec les séditieux, ses complices, pour un meurtre qu'ils avaient commis dans la sédition [22]. » Luc : « Celui-ci avait été jeté en prison pour une insurrection qu'il y avait eu dans la ville [23].

Jean : « Barabbas était un bandit [24]. » L'insurrection : l'événement est rapporté comme un fait bien connu des premiers lecteurs. Le terme « brigand » désigne les zélotes comme en d'autre temps on eût dit « terroriste » ou « résistant ». S'il a tué, c'est dans une émeute insurrectionnelle. Une sédition. Matthieu, qui s'adresse principalement à des auditeurs juifs, renvoie à une notoriété attestée : Barabbas (grécisation de l'araméen Bar Abba) y est « un prisonnier fameux ». C'est donc un personnage très populaire, ce qui n'aurait pas été le cas d'un prisonnier de droit commun.

Ce sont les grands prêtres qui excitent la foule à préférer Barabbas à Jésus que Pilate a imprudemment mis en balance. La foule le réclame en effet à Pilate. Les partisans de Barabbas sont à ses côtés ; les disciples de Jésus se sont dispersés, le reniement de Pierre étant le signe de leur défection générale. Il n'a plus de partisans dans la foule. Ceux qui l'acclamaient le dimanche précédent le conspuent ce vendredi. Hosanna ! criaient-ils. Crucifie-le ! Crucifie-le ! vocifèrent-ils aujourd'hui. Ce ne sont sans doute pas les mêmes mais c'est la même foule. C'est sur le héros Barabbas qu'elle reporte ses espérances messianiques à l'occasion de la fête qui rappelle justement la libération d'Israël d'Égypte. Le préfet en est lui-même surpris. A nouveau il dit :

– Mais qu'a-t-il fait de mal ? Je n'ai trouvé en lui rien qui motive la mort, je vais donc le faire corriger et le relâcher [25].

Pilate peut en effet faire flageller Jésus. La flagellation est un supplice romain usité. Elle est une peine principale, ou plus ordinairement, le préliminaire d'une crucifixion, ainsi, que Flavius Josèphe [26] et Tite Live le rapportent. Cette torture et cette dérision se sont accomplies, soit avant la condamnation, selon Jean, soit après celle-ci, selon les synoptiques.

Jésus sortit ensuite sur le parvis avec la couronne d'épines et le manteau rouge. Un dessin inoubliable de Rembrandt montre Jésus en loques, sur le parvis, la tête dans les épaules, si lamentable qu'il rendrait honteux ses ennemis les plus acharnés. Pilate leur dit :

– *Ecce homo*, voici l'homme [27].

– Que ferais-je de celui que vous appelez le roi des juifs [28] ?

Ce qui provoque la clameur en réponse :

– Crucifie-le !

C'est la *lex julia majestatis*, avec toutes ses rigueurs, qui est réclamée. La mort cruelle et ignominieuse pour crime de lèse-majesté [29]. C'est la mort qu'avait infligé Quintilius Varrus à deux mille juifs de Judée insurgés quelques années auparavant. Mais Pilate est romain ; il est un homme du droit. Il incite la foule à qualifier le crime commis :

– Qu'a-t-il donc fait de mal [30] ?

La foule, ignorant ces questions, répète, impitoyable :

– Crucifie-le !

Cette foule est sans doute un mélange de celle qui accompagnait les grands prêtres et de ceux qui se sont rassemblés pour venir réclamer la grâce pascale, ce qui semble se déduire du texte de Marc : « La foule monta et commença à demander qu'on fasse comme d'habitude [31]. » A cette foule mêlée, dont Cicéron dit en une autre occasion, mais qui vaut pour toutes les foules, « la volonté irréfléchie », les grands prêtres apportent leur concours argumenté :

– Nous avons une loi, il doit mourir, car il s'est fait Fils de Dieu [32].

Jean dit que, quand il entendit cette parole, Pilate craignit davantage et plus encore lorsqu'on lui cria qu'il « cherchait à relâcher Jésus » :

– Si tu le relâches, tu n'es pas ami de César. Qui se fait roi s'oppose à César [33].

Et le texte de Jean est d'une précision qui n'appelle aucun commentaire : « à ces mots », c'est-à-dire lorsque Pilate entend la menace, il « amena Jésus dehors, s'assit à son tribunal... et il dit aux juifs : voici votre roi ».

« Alors ils crièrent :

– Enlève, enlève, crucifie-le.

Pilate leur dit :

– Crucifierais-je votre roi ?

Les grands prêtres répondirent :

– Nous n'avons de roi que César.

Ainsi les chefs du peuple juif, qui déteste l'occupant romain et qui se soulèvera quelques dizaines d'années plus tard, au risque de sa survie, accusent le préfet romain d'être déloyal à l'empereur ! Cette accusation proférée par les collaborateurs de l'occupant romain démontre que, selon le droit pénal politique romain, et sur le fondement des accusations des hiérarques juifs, Jésus est effectivement coupable. Il est surprenant que, à cet instant, le dernier biographe de Jésus, qui sous-titre son ouvrage « l'Histoire vraie [34] », écrive : « La condamnation va être prononcée. Les plus coupables sont ceux qui l'ont livré à l'autorité romaine. » Un interrogatoire par les chefs juifs ne fut pas un procès s'achevant par un verdict. Le verdict a été prononcé par les Romains. Et c'est Pilate qui condamne Jésus à mort :

« Il leur livra Jésus pour qu'il soit crucifié [35]. »

7

Pilate condamne Jésus à mort

Même si les formules ne sont pas reproduites qui attestent qu'un jugement a été rendu en bonne et due forme, au nom du peuple romain, même s'il l'a été à la demande des principaux des juifs, la sanction de mort a bien été prononcée, *pro tribunali*, par Pilate, devant son prétoire, sur le siège du juge, en présence de l'accusé, des accusateurs et du public. Même si le procès romain, sans témoins à décharge et sans avocat, fut une parodie, il fut un procès romain. « Il le livra pour le crucifiement. » Cette formule de Jean est la conclusion de ce que Pilate avait dit à Jésus : « Ne sais-tu pas que j'ai le pouvoir de te relâcher et que j'ai le pouvoir de te crucifier [1] ? » Ce pouvoir de crucifier se retrouve exprimé dans la littérature latine, et notamment dans Plaute sous une forme d'injonction : *ibis in crucem* ou *habi in crucem* [2], « Tu monteras sur la croix » ou « Va sur la croix ».

Tacite et Flavius Josèphe l'ont écrit aussi. C'est Pilate qui a prononcé la condamnation de Jésus et qui l'a fait exécuter par crucifixion. C'est entre les versets 12 et 13 du chapitre XIX de Jean que se trouve le tournant du procès. Pilate, convaincu de l'innocence de Jésus, résiste. Il est expressément menacé de dénonciation à l'empereur s'il persiste à protéger un séditieux. « Alors Pilate amène Jésus dehors et s'assoit à son tribunal. » Il est donc insoutenable que Pilate n'aurait alors fait que confirmer par sa sentence la sentence précédente du Sanhédrin. Il s'agirait alors de l'équivalent de la procédure d'*exequatur* qui rend exécutoire un jugement prononcé par une autre juridiction. Mais il eût fallu pour cela que les chefs d'accusation soient les mêmes. Ce qui n'est absolument pas le cas. Devant le Sanhédrin, Jésus a été reconnu coupable de blasphème pour s'être proclamé Fils de Dieu et s'être placé au-dessus de la Loi. C'est bien ce que les sanhédrins réaffirment lorsqu'ils disent à Pilate que Jésus doit mourir « selon la Loi ».

Pilate, lui, ne tient aucun compte de l'acte d'accusation du Sanhédrin. Ce qu'il accueille, c'est l'accusation portée contre Jésus de soulever le peuple, de l'exciter à la révolte. Si Pilate prend sa décision « du haut de son tribunal », en public, et après avoir posé la question capitale : « Es-tu le roi des juifs ? » et non « Es-tu le Messie ? » c'est parce que la réponse affirmative de Jésus est un crime selon la loi *Julia de majestatis*, le *crimen laesae majestatis*. C'est le crime qui est commis contre le peuple romain ou sa souveraineté (Digeste 48-4-4). La mise en croix est la forme habituelle du châtiment des crimes de lèse-majesté. C'est bien de ce crime et de son éventuelle impunité dont les hiérarques ont menacé ouvertement le préfet : « Si tu le relâches, tu n'es pas ami de César. Qui se fait roi s'oppose à César. »

Pilate porte donc devant l'Histoire la responsabilité de la condamnation à mort de Jésus. Cette responsabilité n'est atténuée ni par les manœuvres des chefs des juifs pour l'y contraindre – car le préfet de Rome avait pour lui la majesté du droit et la force des armes –, ni par les vociférations de la foule, malgré son étrange pouvoir sur les esprits faibles qu'une attitude résolue eût fait taire. La responsabilité de Pilate est une responsabilté dans le procès historique de Jésus.

Dans le procès eschatologique de Jésus, crucifié et ressuscité d'entre les morts. Jésus s'immole. Ce qui est le fait central de la foi chrétienne et qui constitue l'origine de cette foi, en même temps que le début de la fin de l'histoire au cours de l'Histoire, procès eschatologique qui ne se confond pas avec la perspective historique, mais qui n'en est pas séparée non plus.

On ne peut exonérer la responsabilité de Pilate pour en charger « les juifs » : Luc, en effet, dit que Pilate, après avoir relâché Barabbas, « leur livra Jésus à volonté [3] ». Il faut entendre, non qu'il remit physiquement Jésus pour qu'il soit exécuté, mais qu'il céda à leur pression. Matthieu dit sobrement qu'il « livra » Jésus « pour le crucifiement [4] ». Il s'agit d'un ordre d'exécution de la sentence de mort. Luc a d'ailleurs lui-même indiqué auparavant qu'il s'agit d'une condamnation romaine : « Nos grands prêtres et nos chefs l'ont livré pour le faire condamner à mort et crucifier. » Xavier Léon-Dufour a donc pu conclure que, sur le plan juridique, une étude littéraire minutieuse des textes ne laisse subsister aucun doute : « ... la condamnation et l'exécution de Jésus doivent être imputées à Pilate, [que] ce procès fut injuste, et Jésus était manifestement innocent du crime allégué contre lui [5]. » Sur le plan moral, il en est de même : Pilate est objectivement coupable d'avoir cédé à Kaïphe et à la clique de hauts dignitaires.

Avant de rappeler comment Jésus fut flagellé et tourné en dérision avant d'être conduit au lieu d'exécution, retenons deux incidents dans la narration du procès, parfois considérés comme des interpolations ou des additions : l'intervention de la femme du préfet pendant le cours du procès [6] et le lavement des mains par Pilate avec sa sentence [7], l'un et l'autre contés par le seul Matthieu. Ces deux scènes viseraient, de la part de Matthieu qui s'adresse aux juifs convertis ou en voie de conversion, à montrer la culpabilité massive de ce peuple puisque ce n'est pas l'un d'entre eux mais une païenne qui a tenté de sauver l'innocent, tandis que son mari manifestait qu'il reportait sur les juifs la responsabilité de la mort de Jésus que la foule revendiquait avec arrogance. Ces deux incidents n'ont rien qui soit historiquement invraisemblable. Et pour ce qui serait une incise antijudaïque, rappelons que Pierre tempéra lui-même celle-ci en s'adressant un an après la crucifixion aux juifs de Jérusalem : « Frères, je sais que c'est par ignorance que vous avez agi, ainsi d'ailleurs que vos chefs [8]. »

Ainsi, pendant que Pilate « siégeait au tribunal », formule judiciaire qui confirme incidemment qu'il s'agit bien là d'un procès romain et non de la mise à exécution administrative *de plano* d'un jugement rendu par le Sanhédrin, « sa femme lui envoya dire : ne prends pas de responsabilité envers ce juste ; car j'ai aujourd'hui beaucoup souffert en songe à cause de lui ». On peut aussi traduire plus littéralement : « Rien entre toi et ce juste », comme le fait le latin de la Vulgate : *nihil tibi et iusto illi.* Le mot grec *dikaios*, ce juste, ne peut se traduire, comme on le fait parfois, par « innocent », mais c'en est l'esprit. Le fait que l'insertion de cette intervention soit littérairement maladroite – et il en est beaucoup d'autres dans les Évangiles – ne permet pas de conclure de ce seul fait au caractère légendaire de l'épisode. Pour Joseph Blinzler, celui-ci n'est pas historiquement impensable : « Le hasard, note-t-il, a voulu qu'on puisse prouver qu'après Auguste il fut permis aux gouverneurs romains d'emmener leurs femmes dans les provinces. » Le hasard, c'est en réalité Tacite dans ses Annales [9].

Et comme nous savons, par Tacite également et par Juvénal, que des Romaines de haute condition s'intéressaient à la religion juive, l'intérêt de la femme du préfet que les apocryphes et les traditions grecques et éthiopiennes nomment Procula, ou Claudia Procula, n'est pas invraisemblable. C'est elle qui a prononcé pour Jésus la seule plaidoirie qui l'ait été devant le juge. L'Évangile de Nicodème, ou Actes de Pilate, reproduit la phrase même de la femme de Pilate rapportée par Matthieu et fait dire à Pilate s'adressant aux juifs : « Vous connaissez la piété de ma femme et savez qu'elle n'est pas loin de partager votre religion. – Oui nous le savons. – Elle m'envoie un message : qu'il n'y ait rien entre toi et ce juste, car cette nuit, j'ai beaucoup souffert à cause de lui [10]. »

Le verset est sobre : Matthieu fait état d'un « songe » et non d'une « vision ». C'est-à-dire d'une réflexion sincère mais incontrôlée par la vieille et qui avait tant de crédit chez les anciens Romains. Comme le songe de Calpurnie qui aurait évité à César de périr sous les Ides de Mars s'il avait écouté sa femme. Pilate apparaît ainsi comme un fonctionnaire qui n'écoute ni sa conscience, ni sa femme. Seule une femme a élevé la voix pour essayer de sauver le Christ. Et, à l'heure du calvaire, seules des femmes seront présentes au pied de la Croix, comme ce seront des femmes qui les premières verront le Ressuscité. On comprend que les orthodoxes aient fait de Claudia Procula une sainte.

Après être resté sourd à la mise en garde de son épouse pour écouter les réclamations vociférées de la foule, avant de relâcher Barabbas, de faire flageller Jésus et le livrer au supplice, Pilate prononce la phrase fameuse qui a pris la forme d'une maxime. En se lavant les mains, selon le rite hébraïque, mais qui est aussi un signe de purification chez les Anciens pour effacer le sang du meurtre – comme on le lit dans *L'Iliade* d'Homère et dans *L'Énéide* de Virgile –, Pilate suit à la lettre le conseil de son épouse. Depuis lors, les accusés de tous les pogromes et de toutes les persécutions dont les juifs eurent à souffrir de la part de chrétiens se sont aussi lavé les mains des conséquences de leurs actes. « Pilate vit que rien ne servait à rien mais que cela tournait plutôt au tumulte, il prit de l'eau, se lava les mains devant la foule et il dit : “Je suis innocent de ce sang. A vous de voir.” Et tout le peuple répondit : “Sur nous son sang et sur nos enfants.” »

Ce qui était rappeler imprudemment que, selon le Deutéronome et le Lévitique, mais aussi dans Samuel et dans Josué, et dans les Rois [11], le sang répandu injustement retombe de génération en génération sur ceux qui l'ont versé ; mais cela doit s'entendre pour le chrétien comme la retombée salvatrice de l'agneau immolé sur le peuple de Dieu, et sur tous les hommes.

Dans l'histoire humaine, cette automalédiction « du peuple tout entier », c'est-à-dire de la nation juive dans son ensemble, alors que ce sont des crieurs hystériques et politiquement manipulés qui ont prononcé ces mots, aura des conséquences terribles. Des chrétiens s'autoriseront de cette malédiction pour des meurtres et des massacres sans nombre. Elle justifie l'affirmation d'une faute collective. On oublie qu'elle a été annulée par Jésus sur la Croix au soir de ce vendredi : « Père, pardonnez-leur, car ils ne savent pas ce qu'ils font [12]. »

Et, deux versets plus loin, Luc précise que la foule qui assiste au supplice n'est déjà plus la foule atteinte d'hystérie collective qui avait exigé la crucifixion : « Et le peuple était là, qui observait », tandis que « les chefs se moquaient » et que « les soldats aussi se jouaient de lui ». Ainsi, les juifs que l'on voudrait collectivement responsables se divisent en deux groupes, le peuple d'un côté, de l'autre, les chefs. Le peuple contemple effaré ce qui vient de se passer et auquel il a pour sa part contribué. Ce n'est plus le peuple juif qui est dit acteur. Et bientôt le peuple présent passera de la neutralité au repentir : « Et toutes les foules qui, accourues à ce spectacle, observent ce qui arrive, s'en retournent en se frappant la poitrine. » Ce sont bien tous les hommes, dira le concile de Trente, qui sont responsables. Le déicide, s'il en est, est le fait de l'espèce humaine. « Juifs et gentils furent également les instigateurs, les auteurs et les ministres de sa Passion [13]. »

Ce tragique dialogue rapporté par le seul Matthieu en XVII-25 a longtemps constitué une base scripturaire redoutable pour l'accusation de déicide : « Que son sang [retombe] sur nous et nos enfants. »

Il faut tout d'abord supprimer le verbe retomber, car il n'y a pas de verbe dans l'Évangile de Matthieu. Ensuite, nous relèverons que les cinq premières générations chrétiennes, en dépit de l'apparition et du développement de l'antijudaïsme bientôt transformé en antisémitisme, ne font aucun cas de ce sacrilège. Origène, Justin, Cyprien et Tertullien, toujours prompts à dénoncer les juifs, se taisent. L'interprétation antijudaïque est donc tardive.

Il fallut pour cela adopter une interprétation littéraliste, justement reprochée aux juifs, et des références déjà relevées aux Nombres, à Josué et à Samuel. Et occulter les développements de la théologie biblique de la responsabilité personnelle qui culmine en Jérémie : « En ces jours, on ne dira plus : les pères ont mangé des raisins verts, et les dents des enfants en ont été agacées. Mais chacun mourra pour sa propre iniquité (XXXI-29). »

La Bible enseigne en effet, en Ézéchiel et dans le Deutéronome, que Dieu n'est prisonnier ni des erreurs, ni des blasphèmes, ni des mensonges de chacun. Et que son commandement est « Tu ne suivras pas la multitude pour faire le mal... et tu ne déposeras pas dans un procès en te mettant du côté du grand nombre pour violer la justice » (Exode XXIII-2). Paroles de Dieu toujours actuelles. Le sang du Fils ne crie pas non plus vengeance mais demande le pardon des blasphémateurs, des calomniateurs et des meurtriers. Le sang de la Croix « naturellement et surnaturellement sang juif », écrit Léon Bloy, inonde de pardon les juifs avec les chrétiens et les païens. Toute foule hystérique est manipulée, fût-elle baptisée, et témoigne de son aveuglement, mais elle ne témoigne pas pour le peuple dont elle est issue.

C'est après s'être déclaré innocent de la condamnation qu'il vient de prononcer et de s'être symboliquement purifié du sang qu'il va faire verser que Pilate « fit flageller Jésus ». Matthieu, Marc et Luc situent à ce moment les scènes de dérision que Jean, lui, place avant la condamnation, comme l'ultime possibilité de sauver Jésus en satisfaisant ses accusateurs.

Il y eut évidemment comme une hésitation chez les évangélistes. Ils sont, observe justement Simon Legasse,

« saisis de pudeur » au souvenir de la flagellation de Jésus. La flagellation fut ordonnée par Pilate en préalable au crucifiement selon le mode romain d'exécution. Le condamné, soit à titre de peine principale, soit comme peine accessoire et préliminaire à l'exécution à mort, était lié à un poteau ou à une colonne, ou même parfois jeté à terre. Il était dépouillé de ses vêtements, ce que la pudeur occidentale occulte. Il faut écarter pour Jésus la flagellation par les verges, réservée aux hommes libres, et par les bâtons, pour les soldats ; ce sont les fouets pourvus de boules de plomb et d'os, les *flagra*, qui ont dû être utilisés. Les soldats ont eu la charge de ce supplice romain. Ils ont sans doute rempli leur office avec cette efficacité que donne l'association des mauvais instincts au devoir d'État. Ce qui induit, de fait, que Jésus n'était plus ensuite en état de porter sa croix sur le chemin du Golgotha.

On peut supposer que ce premier supplice a eu lieu à l'intérieur du prétoire, car il n'était pas nécessaire d'intimider et d'effrayer la population. L'interprétation textuelle de Jean qui place la scène avant la condamnation la situe dans le prétoire puisqu'il « ressortit et dit : je vous l'amène dehors ». Mais, en l'absence de précisions chez les synoptiques et d'indications sur la procédure romaine, nous ne savons pas si la flagellation fut ou non publique.

Après qu'il eut subi la flagellation, « les soldats du gouverneur prirent Jésus dans le prétoire et rassemblèrent autour de lui toute la cohorte », selon Matthieu et Marc [14]. Il faut croire à une amplification, car la cohorte était composée d'environ six cents hommes. Il faut penser qu'il s'agissait de la section qui avait accompagné Pilate de Césarée à Jérusalem ou de la garnison disponible en provenance de la forteresse Antonia. Précisons qu'il ne s'agit pas de légionnaires romains d'origine mais de troupes auxiliaires formées de provinciaux palestiniens, non juifs, puisque ceux-ci étaient exemptés de service militaire.

Cette soldatesque qui avait entendu, au cours des débats, que Jésus, ce pauvre prophète abandonné de ses disciples et conspué par son peuple, se disait roi, se mit à tourner en dérision cette royauté. « Voici votre roi », avait dit Pilate à la foule en voulant signifier que leur roi prétendu était ce pauvre homme enchaîné. « Alors ils le dévêtirent et ils lui mirent une casaque écarlate, puis ils tressèrent une couronne d'épines, la lui posèrent sur la tête, et un roseau dans la main droite ; et ils tombaient à genoux devant lui et disaient pour le moquer : bonjour, roi des juifs ! puis ils crachaient sur lui. » Le récit de Marc est identique à ce récit de Matthieu. C'est un roi de carnaval portant un roseau pour sceptre, mais ce carnaval n'est pas une comédie mais une mise à mort.

De cette couronne de dérision, faite sans doute de tiges d'acanthe, le christianisme a fait une couronne royale semblable à la couronne de feuilles d'or des rois d'alors, comme nous le montrent le Christ de Fra Angelico au couvent de Saint-Marc à Florence et le couronnement d'épines de Jérôme Bosch à la National Galery à Londres. Et le manteau de sang, manteau de pourpre, vêtement souverain, a tout autant inspiré la peinture chrétienne. Ainsi le Gréco qui est dans la cathédrale de Tolède. Souvent, cependant, le Christ aux outrages est représenté dans une tunique blanche, comme précisément sur les tableaux de Fra Angelico et de Jérôme Bosch, car le blanc était la couleur royale en Occident tandis que le pourpre était la couleur royale en Hellade. Cette chlamyde était plus vraisemblablement écarlate que pourpre, selon l'adjectif de Marc, car il est probable que ce fut un manteau de soldat et non un manteau royal que les soldats utilisèrent.

Au roi, muni de ses attributs dérisoires, les soldats offrent leur hommage ; c'est-à-dire qu'ils font devant lui une génuflexion accompagnée d'un salut qui est l'écho de l'*Ave César*. Les acteurs de cette ignoble parodie sont les confesseurs malgré eux de la foi des chrétiens qui saluent en Jésus outragé le Christ. Aux moqueries succèdent les crachats et les coups sans nécessité. « Quand ils se furent moqués de lui, ils le dévêtirent de la pourpre et le revêtirent de ses vêtements. Puis ils l'emmenèrent pour le crucifier [15] », selon Matthieu et Marc. Il n'est pas indiqué qu'on lui ait enlevé sa couronne d'épines. La représentation traditionnelle du Christ en croix couronné d'épines apparaît donc conforme à l'exégèse textuelle des Évangiles.

8

La crucifixion

Ce sont les soldats romains, dirigés par un centurion, qui emmènent Jésus au lieu du supplice, situé en dehors de la ville mais à proximité des murs, au lieu-dit le *Golgotha* (en grec, en araméen Gulgalta), le « crâne ». Le mamelon rocheux dénudé où avaient lieu les exécutions avait sans doute la forme d'un crâne. Le mot français Calvaire vient du latin *calvarus*, crâne.

Les archéologues situent cet emplacement à l'intérieur de l'église du Saint-Sépulcre, situé à peu près à cinq mètres au-dessus du sol, ce que confirmait d'ailleurs Origène au IVe siècle. Il était d'ailleurs nécessaire que les exécutions aient lieu sur un emplacement élevé pour être visibles du public. Le Pèlerin de Bordeaux, qui visita Jérusalem en 333, dit avoir vu un monticule dénommé Golgotha [1]. Mais Constantin avait déjà fait déblayer les édifices qui s'étaient accumulés sur le Golgotha pour y édifier une première basilique à l'endroit qu'indiquait la tradition. Un doute a toutefois été émis sur l'emplacement du Calvaire en raison de la construction par Hérode d'un « deuxième mur » de Jérusalem dont le tracé aurait englobé l'emplacement reconnu du Calvaire, et qui serait par conséquent incompatible avec les usages romains – et d'ailleurs juifs – de procéder aux exécutions à la porte de la ville, *extra portam* [2]. Mais les fouilles effectuées n'ont pas identifié ce mur, et il paraît au contraire que son tracé passait en deçà du site traditionnel.

Sans doute l'escorte accompagne-t-elle également les deux autres condamnés qui seront crucifiés avec Jésus. La tradition, reproduite en de nombreux « chemins de croix », veut que le Christ ait porté la croix à laquelle il allait être crucifié sur son épaule droite, et qu'il serait tombé trois fois. Aucune mention des Évangiles ne fait état de ces « stations » dont l'origine culturelle est très ancienne sans pouvoir s'appuyer sur un document textuel.

Il est indiqué par Mathieu et Marc que les soldats réquisitionnèrent un homme qui revenait des champs, Simon de Cyrène, c'est-à-dire un juif originaire d'une ville faisant partie de la Cyrénaïque, pour le décharger de son fardeau et le porter jusqu'au lieu du supplice [3]. S'il revenait des champs, on peut en conclure que la pâque n'était pas commencée. Et s'il fut requis, c'est que Jésus était trop affaibli par la privation, la faim et les atroces flagellations. La photographie du Suaire de Turin montre des écorchures aux genoux, et notamment au droit, qui établissent que le Christ est tombé plusieurs fois sur le chemin. On peut penser que l'escorte et les condamnés se frayèrent un chemin dans les ruelles et les sentiers sur quatre ou six cents mètres. La *Via Dolorosa* qu'empruntent actuellement les pèlerins ne repose sur aucune indication archéologique ou textuelle.

Selon Luc, au milieu de la multitude qui le suivait, « des femmes se lamentaient et gémissaient sur lui ». Jésus se serait retourné vers elles, les seules pitoyables, pour dire aux « filles de Jérusalem » : « Ne pleurez pas sur moi, mais pleurez sur vous-mêmes et sur vos enfants [4]. » Or, nous savons par des sources juives que des femmes de haute condition avaient constitué une association d'entraide et de miséricorde aux condamnés.

Et une de ces femmes compatissantes que la tradition nomme Véronique lui essuya le visage. Pour François

Mauriac : « Elle existe. Ce n'est pas un personnage inventé. Il ne se peut pas qu'une femme ait résisté au désir d'essuyer cette face terrible. »

L'instrument du supplice romain était composé de deux pièces : un poteau vertical, le tronc de la croix, *stipes crucis*, fiché en terre, et une traverse mobile, le *patibulum*, posé horizontalement. C'est cette traverse, souvent fixée par des cordes sur les deux bras étendus, ou portée sur les épaules comme dans l'expression de Jean, *bajullans sibi crucem*, se chargeant lui-même de la croix, qui a pris le nom de croix. « Porter sa croix » n'est pas porter la Croix. Plaute donne deux indications sur ce que le condamnné portait lui-même cette traverse, instrument de son supplice : « Qu'il porte son patibulum à travers la ville, pour qu'il soit cloué à la croix. » « Ils te mèneront par la rue, le patibulum sur la nuque, en te criblant de coups d'aiguillon [5]. »

« Arrivé au lieu-dit Golgotha, c'est-à-dire le lieu du crâne, ils lui donnèrent à boire une mixture de vin et de fiel ; il y goûta mais ne voulut pas boire [6]. » Pour Marc, c'est de la myrrhe qui est mêlée au vin [7], il indique que Jésus n'en prit pas. Il faut préférer cette version. Il ne s'agit pas en effet d'une souffrance supplémentaire mais d'un geste d'humanité. En effet, le mélange de vin et de myrrhe avait un effet narcotique. La coutume juive était de donner à un condamné à mort un brevage stupéfiant avant l'exécution pour le rendre moins sensible aux douleurs. Ce geste de compassion était pratiqué par les femmes de la haute société qui mettaient en pratique cette injonction morale de l'Ancien Testament : « Donnez des liqueurs fortes à celui qui périt et du vin à celui dont l'âme est rempli d'amertume ; qu'il boive et qu'il oublie sa misère ; et qu'il ne se souvienne plus de ses peines [8]. » On peut donc supposer que ce geste porté à l'actif des Romains fut le fait de juifs ou de juives [9]. Mais Jésus voulut par le refus de l'ultime apaisement assumer la souffrance en pleine conscience.

La crucifixion de Jésus est relatée, sans aucun détail,

sans aucune recherche émotive, sans aucun commentaire non plus, par les quatre évangélistes : « *Ils le crucifièrent.* »

Pour leurs contemporains, la crucifixion n'est pas un mode d'exécution comme un autre, même s'il était le moyen ordinaire pour les brigands et les esclaves, mais une mise à mort la plus déshonorante et de la plus haute cruauté. « La peine de mort la plus cruelle et la plus terrible », écrit Cicéron [10]. C'est la plus extrême souffrance, et c'est l'extrême malédiction qui précisément a été voulue par les prêtres contre Jésus. Aussi les premiers chrétiens éprouvaient-ils comme un scandale le fait que le Messie soit mort par un tel supplice, à l'égal d'un réprouvé. Il faut lire et écouter ce qu'écrit Paul aux Galates : « Le Christ nous a rachetés de la malédiction de la Loi en devenant, pour nous, malédiction, car il est écrit : maudit soit quiconque est pendu au bois [11]. » Aussi Origène écrira-t-il : *mors turpissimia crucis* – « La mort en croix, suprême injustice. »

La crucifixion est d'origine perse. Hérodote donne de nombreux exemples de son application [12]. Pour les historiens grecs et romains, il s'agit d'une forme d'exécution en usage chez les peuples barbares, même si les Romains, et parfois les Grecs la pratiquent. Elle donne lieu à des variations liées au caprice ou au sadisme des bourreaux [13]. Sénèque est explicite : « Je vois devant moi des croix, non pas toutes du même modèle, mais variant avec le maître qui les fait faire : il en est qui pendent leurs victimes la tête en bas, d'autres les empalent, et d'autres leur étendent les bras sur une potence [14]. »

Les Romains ont en effet hérité des Carthaginois cette pratique pour assurer le maintien de l'ordre. Nous avons déjà vu que Quintilus Varrus livra deux mille juifs à ce supplice. Flavius Josèphe en donne plusieurs comptes rendus. C'est ainsi qu'il décrit les crucifixions ordonnées par Titus lors du siège de Jérusalem en 70. Parlant des prisonniers : « Aussi étaient-ils fouettés, soumis, avant de mourir, à toutes sortes de tortures, puis crucifiés face aux remparts. Leurs souffrances, certes, paraissaient pitoyables à Titus, cinq cents prisonniers, et parfois plus, étant faits chaque jour ; mais il jugeait imprudent de relâcher des gens pris après combat, et il se rendait compte que la garde d'un pareil nombre de prisonniers reviendrait à emprisonner les gardiens. Cependant, sa principale raison de ne pas empêcher ces crucifixions était qu'il espérait qu'à ce spectacle, les juifs, peut-être, se rendraient, dans l'idée qu'autrement ils subiraient le même sort. Les soldats, dans leur colère et par haine, ridiculisaient les prisonniers en les crucifiant dans toutes sortes de positions et, vu leur nombre, la place manquait pour les croix et les croix pour les corps [15]. »

Tacite décrit une scène semblable lors de la première persécution des chrétiens à Rome : « Ils étaient attachés à la croix et livrés aux flammes, quand le jour avait fui, ils éclairaient les ténèbres comme des torches [16]. » Tous les témoignages de l'Antiquité, et notamment Sénèque dans sa Lettre 101 à Lucillius, montrent que la crucifixion était vue comme la mort la plus atroce. C'était d'ailleurs une métaphore littéraire fréquente que d'opposer toutes choses à cette réalité horrible. « Le dernier des supplices », *summum supplicius*, dit Cicéron [17]. Atroce et ignominieux. « Supplice réservé aux esclaves », écrit Tacite, et avec lui Valère Maxime et Tite Live. *Servile supplicium.* Aussi la plupart des écrivains ne parlent-ils jamais de cette pratique atroce. C'est par exception et par nécessité qu'on lit une évocation dans une plaidoirie de Cicéron pour Rabinus – qui avait été menacé à l'instigation de César – avec la marque de l'horreur et du mépris que suscitait la crucifixion : « C'est un malheur que la flétrissure d'une poursuite criminelle, un malheur que la confiscation des biens, un malheur que l'exil, mais dans tous ces malheurs on conserve toujours quelque apparence de liberté. Enfin, si c'est de mort qu'on nous menace, mourons du moins en hommes libres. Oui, que le bourreau, que le voile qui enveloppe la tête, que le nom même de croix soient écartés non seulement de la personne des citoyens romains, mais de leurs pensées, de leurs yeux, de leurs oreilles. Car pour de tels supplices, ce n'est pas seulement l'effet et l'exécution, c'est le caractère, l'attente, le nom seul qui sont indignes d'un citoyen romain et d'un homme libre [18]. »

Ainsi la crucifixion est-elle employée par les Romains contre les criminels dangereux, les « brigands », les esclaves sans droits et les révoltés. Il s'agissait de profaner la victime en l'exposant nue à un endroit bien visible et en la faisant souffrir sans nécessité et sans rémission possible. C'est bien ce qu'avaient voulu les accusateurs de Jésus : la malédiction et la honte, eux qui ne pratiquaient pas la crucifixion comme peine et qui considéraient l'homme pendu au bois comme un impur.

Lorsque Paul, peu d'années après, parlera de la « folie » de la croix, folie pour les païens, « scandale » pour les juifs, il ne s'agit pas d'une amplification littéraire. Il exprime le scandale suscité par sa prédiction : qu'un juif crucifié, mort réservée aux criminels endurcis, aux rebelles et aux esclaves séditieux, ait pu être le Christ, le juge à venir du monde, voilà effectivement une folie pour un païen cultivé. On voudra plus tard, au cours du temps, édulcorer le « langage de la Croix », le traduire en symboles, l'appauvrir de sa substance insupportable, pour l'apprivoiser [19]. Mais, en prenant conscience de ce que fut la mort concrète de Jésus, le fils de Dieu mort sur la croix de la mort la plus ignominieuse que le monde romain connut, nous pouvons comprendre, avec les témoins scripturaires les plus proches, Matthieu et Marc, pourquoi et en quoi ce fut un « scandale ». « Vous mettez votre espoir en un homme crucifié ? » dira le juif Tryphon à Justin, philosophe chrétien du IIe siècle [20]. Et Justin : « Ils disent que notre démence consiste à placer un homme crucifié à la seconde place après le Dieu immuable et éternel, le Dieu créateur du monde. »

La mise en croix se passa ainsi : Jésus flagellé, et en loques, fut sans doute dénudé. On ne voit pas pourquoi les soldats romains lui auraient conservé une sorte de caleçon de toile par égard pour la pudeur juive. Il fut cloué, couché à terre, les bras étendus sur la traverse qu'il avait portée ou que Simon de Cyrène avait portée pour lui. La traverse avec le corps fut ensuite hissée au poteau qui était fiché en terre et y fut accrochée en haut. Le gibet pouvait être la *crux immissa* ou *capitata*, à quatre bras, avec un support vertical qui dépassait au-dessus du bras horizontal – la croix latine –, ou la *crux communa* en forme de T, à trois bras. Il semble bien que ce fut une croix latine, comme la tradition l'a retenue, puisque était placé au-dessus de la tête du *cruciarius*, du condamné à la croix, le *titulus* de la condamnation : « Au-dessus de sa tête, ils mirent le motif écrit de sa condamnation. »

Bien que les textes n'en parlent pas, et que Justin, Irénée et Tertullien qui l'évoquent, ne sont pas des témoins, on peut admettre que le corps était soutenu par un bloc de bois. En l'absence de support, les experts médicaux jugent qu'on ne peut suspendre un corps avec des clous plantés dans les paumes, car sous le poids du corps la traction déchire la peau. Il faut donc supposer que les clous étaient plantés au milieu des os du bras. La découverte en 1968 à Jérusalem du squelette d'un crucifié, dont les deux talons étaient transpercés par un seul clou, confirme indirectement que les pieds étaient cloués et prenaient appui sur un montant de bois, une sorte de console comme celle imaginée par les peintres. Il s'agissait d'empêcher une mort rapide, afin qu'elle soit exemplaire parce que terrifiante, et qu'elle constitue par conséquent un supplice lent [21].

L'hypothèse selon laquelle Jésus n'aurait pas été encloué mais seulement encordé, comme cela se pratiquait parfois, ainsi que la tradition picturale d'ailleurs représente, sans aucune justification, les deux brigands, n'a pas de vraisemblance historique. Lors de son apparition aux disciples de Jérusalem, Jésus leur dira :

« Voyez mes mains et mes pieds [22]. » En réponse aux paroles de doute de Thomas en Jean : « Si je ne vois pas dans ces mains la marque des clous et si je ne mets pas le doigt à la place des clous. »

La croix, contrairement aux représentations picturales, de Rubens à Salvador Dali, étaient des croix placées relativement bas. Pour ce qui concerne Jésus, on doit supposer, selon Jean, une croix plus élevée puisque le soldat qui lui tend une éponge se sert d'un roseau selon Marc [23], ou d'un javelot selon Jean [24]. Ce qui explique d'ailleurs le sarcasme des passants et des grands prêtres, entre eux ou avec les scribes : « Sauve-toi, descends de la croix [25]. » On doit donc supposer que les pieds encloués sur la croix étaient à un mètre environ du sol, car il faut tenir compte et de ce que les croix étaient d'ordinaire à peine plus élevées que la taille d'un homme, et de ce qu'il est indiqué par Marc, que « le centurion était en face de lui [26] ».

Avec Jésus furent crucifiés deux autres condamnés. Luc les nomme des « malfaiteurs [27] ». Marc et Matthieu des « brigands [28] ». Ce qui a conduit à les tenir pour des « séditieux » et probablement des « zélotes » en raison de l'emploi équivalent de ces termes par Flavius Josèphe [29]. Ce n'est d'ailleurs qu'une supposition récente, mais elle est cohérente avec le fait que Pilate a bien été invité par les grands prêtres à considérer Jésus comme un insurgé.

Les synoptiques et Jean insistent pour préciser que Jésus fut crucifié entre ses compagnons d'infortune, « l'un à droite, l'autre à gauche ». Cette exécution collective renvoie très vraisemblablement à une situation historique.

L'usage romain était de mentionner le motif de la condamnation. Une plaquette en bois, attachée au dos du condamné au moment où il s'engageait sur le chemin du calvaire, et ensuite accrochée au *stipes crucis*, portait cette mention. Ce qu'on nommait en droit romain la *causa paenae* [30]. Eusèbe, dans son *Histoire ecclésiastique*, rapporte que, sous Marc Aurèle, un chrétien nommé Attali fut conduit dans l'amphithéâtre de Lyon pour être martyrisé avec cette inscription : *hic est Attalus christianus*, la faute de cet homme est de se déclarer chrétien [31]. Pour Jésus, l'inscription – dictée par Pilate, selon Jean, dans un mouvement d'ironie vengeresse à l'égard de ses collaborateurs juifs – mentionne, en lettres noires et rouges sur fond bleu [32], en trois langues l'hébreu, le latin et le grec, car la Palestine était trilingue, ceci :

JESHUA' NAZORAJA MALKA DIJEHJDAJE
IESUS NAZARENUS REX IUDÆORUM
ΙΗΣΟΥΣ Ο ΝΑΖΩΡΑΙΟΣ Ο ΒΑΣΙΛΕΥΣ ΤΩΝ ΙΟΥΔΑΙΩΝ

Ce *Titulus* est la seule chose que l'on ait écrite sur Jésus de son vivant : « Celui-ci est Jésus le roi des juifs [33] » ; « le roi des juifs [34] » ; ou « celui-ci est le roi des juifs [35] » ; ou, selon Jean : « Jésus de Nazareth, le roi des juifs [36] ». On voit que le sens de l'inscription est le même puisqu'il rapporte la même imputation et la même inscription : *Le roi des juifs*. L'indication la plus explicite, celle de Jean, donne en abrégé le fameux sigle INRI.

La clique des grands prêtres et de leurs acolytes protestent auprès de Pilate contre cette proclamation de la royauté de Jésus : « N'écris pas le roi des juifs, mais écris qu'il a dit : je suis le roi des juifs [37]. » Peut-être protestent-ils aussi parce que INRI est en hébreu le tétragramme de JHWII, Yahvé, peut-être aussi parce qu'ils pressentent que cette inscription a été dirigée par Pilate contre eux-mêmes. La réponse de Pilate est d'ailleurs pour cette fois sans hésitation ; il ne cède pas :

« Ce que j'ai écrit, je l'ai écris », *Quod scripsi, scripsi.*

Ce qui a été jugé et exécuté a l'autorité de la chose jugée. Pour les hiérarques, il était intolérable que Jésus se proclame Messie, Christ, Fils de Dieu, et qu'il ait annoncé aux pauvres le Royaume de Dieu. Mais pour Pilate, bien qu'il ne soit pas dupe de ce que cette accusation politique ne soit qu'un prétexte, le « motif » de la condamnation inscrit sur l'écriteau est cette prétention royale subversive de l'ordre impérial.

La condamnation n'est donc pas, du point de vue du droit romain, une erreur judiciaire. Jésus a été condamné à mort selon le droit romain parce qu'il s'est insurgé, comme « roi des juifs », contre l'Empire romain. Le motif public est bien le motif de la condamnation. Et cela signifie que Ponce Pilate est et restera le responsable principal de la mort de Jésus sur la Croix, l'arbre de honte.

9

La mort de Jésus

Des centaines d'hommes avaient été condamnés à la crucifixion par les préfets romains depuis que la Judée était devenue une province romaine. Des milliers le furent sur l'ordre de l'empereur Titus lors de la guerre juive. Au point que Flavius Josèphe écrivit que « l'espace manqua pour les croix et les croix pour les condamnés ». Seule la mort d'un Galiléen, prédicateur ambulant, crucifié comme séditieux le vendredi 14 ou 15 nisan, jour ou veille de Pâques, veille du sabbat et qui fut sans doute le 7 avril 30 de notre ère, a marqué l'histoire de l'humanité. Cet événement originel allait apparaître incompréhensible aux auditeurs de la première prédication chrétienne. Ce Jésus livré par les autorités juives comme prétendant au titre de Messie d'Israël, condamné par Pilate après une brève hésitation, flagellé et tourné en dérision par les soldats romains sous le titre de roi des juifs, crucifié sous ce titulus et raillé par les passants, c'était l'échec humain absolu. Que cet homme qui va souffrir atrocement et connaître la déréliction totale qui culmine dans un cri soit le Messie d'Israël et le Fils de Dieu était un scandale inouï.

Marc, dans son récit de la Passion, ne réduit pas ce scandale. Le verbe *stauroum*, crucifier, si révoltant pour les oreilles antiques, est repris huit fois de XV-13 à XVI-6. Martin Hengel a montré les analogies formelles entre les idées d'expiation, grecques, romaines et juives, et la signification chrétienne d'origine de la mort de Jésus comme expiation de « substitution », mais cette mort sur la Croix de la mort la plus outrageante que le monde romain connut faisait éclater toutes les idées d'alors [1].

Et cet événement sera reconnu par ses disciples – qu'aucune tradition ne préparait à cela – comme l'événement rédempteur, l'événement salutaire de la fin des temps qu'il leur avait annoncé au cours de leur dernier repas, l'expression indépassable du libre amour de Dieu. Jean le premier saura le dire : « En ceci consiste l'amour : ce n'est pas nous qui avons aimé Dieu mais c'est Lui qui nous a aimé et qui a envoyé Son fils en victime de propitiation pour nos péchés [2]. »

Ce sont des moqueries qui accompagnent ce Jésus crucifié entre des brigands. Elles sont attribuées aux passants et à quelques grands prêtres qui se seraient déplacés. Ils disaient, selon Marc, faisant référence aux paroles de Jésus dans le Temple et montrant par là qu'elles avaient été décisives :

– Il en a sauvé d'autres, il ne peut pas se sauver lui-même. Ce Christ, ce roi d'Israël, qu'il descende de la croix maintenant, pour que nous voyions et croyions.

Ceux qui étaient crucifiés avec lui l'injuriaient aussi [3].

Et les soldats se moquaient :

– Si tu es le roi des juifs, sauve-toi toi-même [4].

Selon les synoptiques, « des femmes qui l'avaient suivi depuis la Galilée se tenaient tout au loin, pour voir [5] ». Jean ajoute que « près de la croix se tenait sa mère, la sœur de sa mère, Marie de Clopas, et Marie-Madeleine [6] ». Des disciples – dont nous savons qu'ils avaient fui lors de son arrestation au jardin des Oliviers et que le premier d'entre eux, Pierre, l'avait renié – était présent « celui que Jésus aimait » c'est-à-dire Jean. Jean à qui Jésus, baissant les yeux, aurait dit : « Voici votre mère », après avoir dit à sa mère en lui montrant Jean : « Femme voici votre fils. »

Seul Luc rapporte l'épisode du bon larron. Le mot de « larron » édulcore la réalité : ce sont des malfaiteurs ou des brigands. Alors que les soldats font chorus avec les scribes et quelques passants, qui ne sont pas « le peuple qui observe » ni « les femmes qui se tenaient tout au loin », Luc rapporte cet épisode : l'un de ces malfaiteurs l'injuriait avec les autres, l'autre le reprenant :

– Ne crains-tu pas Dieu, toi qui es sous la même condamnation ? Pour nous c'est justice et nous recevons ce que nous avons mérité, mais lui n'a rien fait de criminel !

Et il disait :

– Jésus, souviens-toi de moi quand tu arriveras dans ton règne.

Le malfaiteur ne se réfère pas au motif de la condamnation inscrit sur l'écriteau mais à l'espérance eschatologique du jour où Dieu jugera et répartira récompenses et châtiments. Et Jésus lui dit :

– Amen, je te le dis, aujourd'hui tu seras avec moi au paradis [7].

L'expression « amen » est une expression sémitique qui marque la solennité. Le paradis est le « jardin de justice » où s'accomplira la béatitude des justes. Cet échange est bien évidemment riche d'un enseignement voulu par le récitant : les deux condamnés sont condamnés justement ; un seul sera reconnu coupable ; l'acte de repentance est d'un coupable. Dans ce bon « larron », tout pécheur aux portes de la mort est invité à se reconnaître, à se repentir, et est assuré de la miséricorde divine.

Rien n'est dit dans les quatre récits sur le comportement de Jésus sur la Croix. Mais les Évangiles rapportent trois paroles de Jésus souffrant : la parole en faveur de ses bourreaux, de leurs complices et des instigateurs de sa mort que nous avons rappelée et que la tradition a trop occulté : « Père, pardonne-leur parce qu'ils ne savent pas ce qu'ils font. » C'est cette parole qui prévaut sur les malédictions et les cris de la foule excitée devant le prétoire : « Que son sang retombe sur nous et sur nos enfants. » C'est ensuite celle que nous venons de citer : « Amen, je te le dis, aujourd'hui tu vas être avec moi au paradis. » Et, au moment de mourir : « Père, je remets mon esprit entre tes mains [8]. » C'est la prière du soir juive selon le Talmud. L'esprit, *pneuma*, c'est aussi le reste du souffle. Ce souffle de vie qu'il rend à Dieu son père. « Et, ce disant, il expira. » Le quatrième évangéliste mentionne trois autres paroles : celles déjà rappelées à sa mère et à son disciple bien-aimé ; plus tard, sur le point d'expirer, il demande à boire : « J'ai soif » ; et, après qu'il eut bu la boisson vinaigrée, et avant de rendre l'âme : « C'est fini [9]. »

De ces *ultima verba*, le plus surprenant, sur la fin, et qui ne peut être attribué à une pieuse intention édificatrice des premiers prédicateurs car il exprime une forme de désespoir, est la supplication rapportée en araméen : *Eloï! Eloï! lama sabacthani* ; ce qui veut dire, traduit Marc pour ses auditeurs : « Mon Dieu, mon Dieu, pourquoi m'as-tu abandonné ? » C'est l'introït du psaume XXII.

Et cette prière de Jésus à Dieu est tournée en dérision par le soldat qui lui présente une éponge gorgée de vinaigre pour lui donner à boire. Mais on peut y voir un geste de compassion ; il s'agit à l'évidence de la *posca*, la boisson ordinaire des soldats romains qui leur servait à se rafraîchir et qui était un mélange d'eau et de vinaigre additionné d'œufs battus.

Écoutons cette prière : « Mon Dieu, mon Dieu, pourquoi m'as-tu abandonné ? » Jésus est mort autrement qu'un sage athénien, un stoïcien et même que les martyrs chrétiens allant à la mort en espérance. Ou, comme le rapporte Jurgen Moltman, citant les dernières paroles de D. Bonhoeffer partant pour le lieu d'exécution du camp de concentration de Flossenberg : « C'est la fin pour moi, le commencement de la vie [10]. » La mort de Jésus ne fut pas une « belle mort » comme celle de Socrate. Les Évangiles avaient rapporté la tristesse de son âme à Gethsémani, ils rappellent ses appels sur la Croix qui sont selon eux « clamés » ou « vociférés ». Il mourut en poussant un cri terrible que la tradition a atténué alors que le cri est bien évidemment au cœur historique de la mort de Jésus, avec ces paroles : « Mon Dieu, mon Dieu, pourquoi m'as-tu abandonné ? » Et d'être rejeté à proximité de Celui qui n'est pas loin, son Dieu et son Père, dont il avait prêché la proximité bienveillante. Ce cri déchirant, précède le dernier cri poussé avant d'expirer. Matthieu emploie l'expression unique dans le Nouveau Testament, le terme de « rendit l'esprit » – *Aphienai to pneuma*, littéralement « laissé partir ».

Aussitôt, dit Marc, « le rideau du sanctuaire se fendit en deux de haut en bas [11] ». Matthieu ajoute que « la terre fut secouée, les roches se fendirent, les tombeaux s'ouvrirent et beaucoup de corps de saints dormants se relevèrent ; ils sortirent des tombeaux après sa résurrection, ils entraient dans la ville sainte et apparurent à beaucoup [12] ». Pour Luc, c'était déjà environ la sixième heure, et il y eut des ténèbres sur toute la terre jusqu'à la neuvième heure [13].

Comment la terre a-t-elle pu s'obscurcir, les roches se fendre, les morts ressusciter, et le voile du Temple qui protégeait le Saint des Saints se déchirer ? Sans nier de tels signes par principe, il faut les lire comme des récits de portée biblique et théologique. Cette évocation n'a aucune prétention historique. La Bible décrit le jour de Yahvé, le grand jour eschatologique, avec de tels signes : « En ce jour-là, oracle du Seigneur Yahvé, je ferai coucher le soleil en plein midi et j'envelopperai la terre de ténèbres en ce jour serein [14]. » Les évangélistes formés par la bibliothèque hébraïque se servaient naturellement des images bibliques traditionnelles pour décrire le jour de la fin du commencement. Ces signes sont pour les lecteurs judaïsants des signaux de la lutte cosmique qui se consomme sur le Golgotha.

La déchirure du voile du sanctuaire est un signe théologique et historique, au sens d'une théologie de l'Histoire. Le voile du Temple cache le secret de la religion juive aux non juifs, mais aussi aux juifs qui n'étaient pas prêtres. Cette déchirure par le milieu signifie que, par la mort du Christ, le culte divin devient universel. Le Christ ouvre l'accès du Salut à tous les hommes après être descendu aux enfers ouvrir grand les portes aux âmes libérées [15]. Déjà elles entrent dans la cité sainte. Mais c'est aussi, et peut-être ce qui fut d'abord compris, le terme du culte du Temple et du Temple lui-même dans l'ordre du Salut à l'instant où Jésus meurt, « en rançon pour la multitude », selon la formule de Marc [16].

Le centurion, c'est-à-dire le chef du peloton d'exécution qui était resté sur place pour monter la garde, confesse alors que celui qui vient de mourir est bien le Fils de Dieu, le titre que Jésus a donné devant son juge [17]. Ce titre avait été répété par moquerie au pied de la Croix. Si le centurion ne fait pas ouvertement dans cette déclaration une confession positive du christianisme, l'officier reconnaît dans cette crucifixion sans les cris de fureur, de souffrance et de désespoir habituels, la preuve que son extraordinaire déclaration était digne de foi. Ainsi que l'écrit Joseph Blinzler : « Les paroles du capitaine au pied de la Croix constituent le premier jugement formulé après l'achèvement du procès par un témoin impartial sur ce même procès. Ce fut une solennelle déclaration de l'innocence de la victime, et, comme tel, un solennel “ j'accuse ” proféré contre les juges [18]. »

Mais auparavant, selon Jean [19], les soldats s'étaient approchés des condamnés pour leur briser les jambes et rendre ainsi leur fin presque immédiate. Ce sont les juifs qui, pour respecter le sabbat, auraient demandé qu'on leur rompît les jambes afin de pouvoir les enlever. Les soldats le font effectivement pour les deux autres condamnés, mais, « arrivés à Jésus, ils le virent déjà mort. Ils ne lui rompirent pas les jambes, mais un des soldats lui perça le côté avec sa lance et aussitôt sortirent du sang et de l'eau ». Ce signe évoque la sueur de sang qui coula du front de Jésus lors de son agonie au jardin des Oliviers. L'Exode et les Nombres sont accomplis : on ne lui brisera pas les os et ils verront celui qu'ils ont transpercé [20].

Longtemps tenu pour un prodige, un miracle ou une affabulation théologique, cette sortie de sang et d'eau est aujourd'hui admise comme cliniquement possible. Des expériences, effectuées aujourd'hui sur des cadavres, démontrent que, si la lance avait percé l'oreillette droite du cœur, le sang pouvait sortir de la plaie ainsi qu'un liquide péricardique, très semblable à l'eau que Jean a vue couler [21]. Et Jean insiste sur la véracité de son témoignage : « Et celui qui a vu a rendu témoignage et véridique est son témoignage, et celui-là sait qu'il dit vrai (V 35). »

Les causes physiologiques immédiates de la mort de Jésus ont été abondamment étudiées par les sciences médicales. Les hypothèses les plus diverses ont été émises. Il faut remarquer que lorsque Joseph d'Arimathie, que nous retrouverons, « osa » se présenter chez Pilate pour lui demander le corps du Christ, Pilate « s'étonna qu'il fût déjà mort, il fit appeler le centurion et lui demanda si Jésus était mort depuis longtemps. Renseigné par le centurion, il fit don du cadavre à Joseph [22] ». Les crucifiés agonisaient souvent longtemps. Le fait de leur briser les jambes provoquait l'effondrement du corps et la mort par asphyxie.

Le crucifié découvert en 1968 à Giv'at ha mivihar a d'ailleurs les deux tibias et le péroné droit brisés à la même hauteur, ce qui laisse supposer qu'il a subi le même traitement que les compagnons de Jésus et que Jésus l'aurait subi lui-même si les soldats n'avaient pas constaté son décès. Cette agonie très rapide n'est pas surprenante : l'agonie épuisante à Gethsémani, la flagellation, les coups, les chutes sur le chemin du Golgotha, le portement du patibulum jusqu'à l'intervention de Simon de Cyrène avaient affaibli à l'extrême ses forces. Ajoutons qu'il n'avait pas mangé depuis la Cène.

On peut supposer que les efforts du crucifié, prenant appui sur les clous des pieds, pour se redresser et résister à l'étouffement, puis les affaissements quand la fatigue des jambes crucifiées le forçait à relâcher ses efforts, provoquèrent assez vite la tétanisation des muscles et, au bout de quelque temps, la cyanose et l'asphyxie. Mais le condamné conserve donc sa lucidité, comme Jésus le manifesta, jusqu'au moment d'expirer. Les paroles de Jésus, et ses prières et ses cris, ne sont pas médicalement inexplicables dans les premiers temps du supplice qui dura trois heures, de la sixième à la neuvième heure, d'environ midi à trois heures. L'on a des exemples de discours et aussi d'imprécations prononcés sur la Croix. Il n'y a rien d'impossible à ce que toutes les paroles rapportées aient été prononcées, et, compte tenu de la concision des écrits néotestamentaires, on doit supposer qu'ils n'ont retenu que ce qui leur paraissait absolument digne de foi [23].

Ici se termine l'histoire historique de la crucifixion de Jésus de Nazareth. Là commence l'histoire du Christ dont les premiers témoins de son message de salut à tous les hommes eurent à subir la honte et le mépris. Car c'était une réalité très concrète et choquante qu'une crucifixion. Il fallut toute la rhétorique des premiers Pères pour rendre compte de cet événement historique unique. Ainsi Méliton de Sarde :

« Celui qui suspendit la terre est suspendu,

« celui qui fixa les cieux est fixé,

« celui qui consolida tout est retenu sur le bois,

« celui qui est le roi d'Israël est écarté par une main israélite.

« O meurtre inouï ! O injustice jamais vue ! Le Maître a été changé dans son aspect, le corps étant mis à nu et il n'a pas même été jugé digne d'un vêtement pour qu'il ne soit pas vu. C'est pourquoi les luminaires se détournèrent et avec eux le jour s'obscurcit pour cacher celui qui était dénudé sur du bois, pour obscurcir non le corps du Seigneur, mais les yeux de ces hommes [24]. »

10

La mise au tombeau

La vie de Jésus ne finit pas pourtant tout à fait pour l'historien avec le dernier soupir. Elle comprend le temps des funérailles et l'ensevelissement de son corps mortel. L'histoire historique de Jésus comprend donc aussi la descente de la croix et la mise au tombeau.

La règle romaine était que le condamné, une fois mort, restait exposé [1]. Il n'était pas non plus permis de l'enterrer après qu'il avait été dépendu ou qu'avaient été détachés les restes de son corps dévoré par les oiseaux de proie. Lorsque l'autorisation en était donnée à une famille, c'était une faveur, rarement accordée lorsqu'il s'agissait de *crimem majestatis*. Le droit juif était proche de la pratique romaine qui prévoyait l'exposition de l'exécuté au poteau d'infamie, au pilori, et qui exigeait en même temps que le mort soit enlevé avant la nuit et enterré [2]. Le supplicié était enterré « honteusement et clandestinement », car les crucifiés étaient des maudits de Dieu. Mais la pratique juive ne refusait ni cercueil, ni linceul. Flavius Josèphe indique que les Iduméens, alliés aux zélotes, poussaient si loin leur impiété « qu'ils jetaient les cadavres sans sépulture, alors que les juifs attachent une telle importance à l'enterrement que même les malfaiteurs qui ont été crucifiés sont détachés et ensevelis avant le coucher du soleil [3] ».

La demande de Joseph d'Arimathie (en hébreu

Ha-Ramathaïn), rapportée par les quatre évangélistes, d'obtenir le corps de Jésus fut cependant aussitôt exaucée par Ponce Pilate. Joseph procède à la descente de la Croix et à l'ensevelissement, souvent représentés en peinture. Étant donné l'importance, rappelée par Flavius Josèphe, que le judaïsme attache à l'ensevelissement après que les condamnés avaient expié leurs péchés par lapidation, ou sur la croix, il faut supposer que les grands prêtres qui étaient déjà intervenus pour éloigner les condamnés du Golgotha avant que ne commence le grand sabbat ont soutenu la demande de Joseph d'Arimathie, membre lui-même du Sanhédrin, « une notabilité du conseil », dit Marc, mais qui, ajoute-t-il, « n'avait donné son accord ni à leur désir ni à leur action [4] ». Il n'aurait donc pas voté dans le même sens que la majorité.

« L'historicité du personnage et de son rôle dans les circonstances est incontestable ; sans aucun doute, l'un et l'autre s'inscrivent parmi les souvenirs de la première communauté de Jérusalem », pour Simon Legasse [5]. Marc décrit ce personnage comme « attendant lui aussi le règne de Dieu [6] » ; « Homme bon et juste », précise Luc [7] qui atteste aussi de sa foi. « Riche », ajoute Matthieu [8] qui, comme Jean [9], dit qu'il était un disciple du Christ, « mais en secret à cause des juifs ». C'était donc un risque pour lui de se révéler par ce geste de piété. « Il osa », dit Marc, *audacter*.

Ce que nous savons de Pilate, qui n'a condamné Jésus qu'à contrecœur, justifie qu'il n'ait fait aucune difficulté pour accéder à une demande inhabituelle pour un criminel politique. « Il octroya le corps à Joseph », écrit Marc ; ce qui semble bien indiquer qu'il n'a pas taxé cette faveur.

Joseph était un homme riche, ce qui explique qu'il ait disposé d'un tombeau neuf, taillé dans le rocher, et que Jésus inaugure [10]. Il faut rapprocher cette indication du fait que le corps des condamnés ne pouvait, selon le droit religieux juif, être enseveli dans le tombeau familial ou à proximité des fidèles afin que ceux-ci ne soient pas déshonorés. Aussi des lieux spéciaux de sépultures avaient-ils été réservés aux corps des suppliciés.

Jean l'associe à Joseph Nicodème, lui aussi membre du Sanhédrin, « chef des Juifs » selon Jean [11]. Jean l'a déjà fait connaître comme l'un des chefs des pharisiens venus de nuit interroger Jésus pendant qu'il était à Jérusalem [12] et comme l'ayant défendu devant les grands prêtres et la foule que Jésus était venu enseigner dans le Temple : « Notre loi juge-t-elle un homme avant de l'entendre et de savoir ce qu'il a fait [13] ? »

Il s'agit, cette nuit-là, de mettre en pratique cette œuvre de charité extrême qui était de pourvoir à une sépulture d'urgence pour un homme exécuté.

Le corps de Jésus est alors descendu de la croix, s'il ne l'a déjà été par les Romains. Joseph achète une toile et avec Nicodème enveloppe le corps [14]. Sans doute de la toile de coton. On peut supposer que ce fut avec l'aide de ses serviteurs. Cette toile a sans doute été coupée en bandelettes, puisque le terme est utilisé par Jean, pour envelopper le corps, les bras, le buste et les jambes. Ce sont ces « bandelettes » que Jean et Pierre verront le premier jour de la semaine, à l'aube, par terre, dans le tombeau vide [15]. Les textes rabbiniques sur les vêtements des morts emploient toujours au pluriel les mots suaire ou linceul, et nombre d'exemples montrent que le mort enseveli avec respect est entouré de linges [16] nombreux.

Jean apporte une précision passée sous silence par les synoptiques : Nicodème apporta la nuit de l'ensevelissement « un mélange d'environ cent livres de myrrhe et d'aloès [17] », c'est-à-dire d'aromates, comme il est précisé au verset suivant. C'est la quantité employée pour les obsèques d'un roi. Nicodème devait donc être riche lui aussi pour se permettre cette munificence. Les aromates étaient pulvérisés entre les bandelettes et le corps, très vraisemblablement lavé, puisqu'il est précisé que Jésus a été enterré « comme les juifs ont coutume d'ensevelir ».

C'est donc dans un tout autre esprit que celui de neutraliser l'odeur de putréfaction par l'abondance des aromates que les femmes viendront au matin de Pâques au tombeau avec des aromates et des parfums [18] pour « oindre » le corps de Jésus [19]. Il s'agit là d'un service d'honneur.

La phrase de Marc (XIV-8) nous apprend que cette onction a déjà été pratiquée avant la mise au tombeau : « D'avance elle a parfumé mon corps pour l'ensevelissement. » C'est à Béthani, alors que les grands prêtres et les scribes cherchaient comment se saisir de lui par ruse et le tuer, qu'une femme vint trouver Jésus qui était à table dans la maison de Simon le lépreux et lui versa sur la tête un flacon de parfum très coûteux, du nard pur. La réponse de Jésus à ceux qui s'indignaient de ce gaspillage : « Vous avez toujours les pauvres avec vous, et vous pourrez leur faire du bien quand vous voudrez, mais vous ne m'aurez pas toujours. Elle a fait ce qu'elle a pu : d'avance elle a parfumé mon corps pour l'ensevelissement. » Jean la nomme Marie [20]. Et dans la formulation johanique qui est la sienne, il dit la même chose du parfum versé comme présage de l'embaumement de son corps, même si ce sont les pieds et non la tête que Marie a oint avant de les essuyer avec ses cheveux.

Le corps de Jésus ainsi lavé, aromatisé et enveloppé de linges, après n'avoir été qu'une loque sans *status* que les oiseaux de proie et les bêtes devaient dévorer, fut mis dans un caveau de pierre ou sur un banc de pierre dans la tombe creusée dans le roc. Marc dit que Joseph « roula une pierre contre la porte du tombeau [21] ». Il est impossible qu'il ait procédé seul à cette manutention qui avait pour objet de protéger le corps des animaux, d'autant plus que la pierre « était fort grande [22] », indique-t-il au chapitre suivant lorsque les femmes viennent au tombeau découvrir qu'elle avait été « roulée ».

Il est à l'évidence – compte tenu du temps des rites funéraires et de la contrainte de l'horaire du sabbat – que l'inhumation s'est faite à proximité du lieu de la crucifixion. D'après Jean, le tombeau était situé dans le « jardin ou lieu où il avait été crucifié [23] ». L'Évangile de Pierre indique que le lieu du supplice s'appelait « jardin de Joseph [24] ». Ce qui permet de localiser effectivement la sépulture au nord de Jérusalem et authentifie par conséquent l'emplacement traditionnel solennisé par la coupole de l'église du Saint-Sépulcre.

Retenons que en dehors de ces deux hommes pieux, hiérarques parmi les hiérarques, et de « celui que Jésus aima », c'est-à-dire Jean, les disciples n'ont pas pris part à l'inhumation. Le silence du peuple accompagne l'événement. Les femmes elles-mêmes, présentes le long du chemin de croix, présentes sur le Golgotha et au pied de la Croix – et qui seront les premières à le voir avec son corps de ressuscité –, n'ont sans doute pas participé à l'ensevelissement. Du moins les évangélistes ne les nomment-ils pas et, selon l'Évangile de Pierre, Marie-Madeleine, « par crainte des juifs, brûlants de fureur, n'a pas fait au tombeau du Seigneur les devoirs que les femmes ont coutume d'acquitter vis-à-vis des morts qui leur sont chers ». Et avec ses amies elle disait : « Parce que le jour où il a été crucifié nous n'avons pas pleuré et nous ne nous sommes pas frappé la poitrine [25]. » Matthieu nomme deux d'entre elles comme étant présentes après que Joseph eut roulé une grande pierre contre la porte du tombeau et s'en fut allé. « Il y avait là Marie-Madeleine et l'autre Marie, assises en face du sépulcre [26]. » Luc, lui, les voit toutes présentes : « Les femmes, celles qui l'avaient accompagné depuis la Galilée et avaient tout suivi. » « Regardant le tombeau et comment le corps avait été mis, elles s'en retournèrent apprêter des aromates et des parfums [27]. » Elles sont les témoins du procès, du chemin de croix, de la crucifixion et de la descente de Croix, alors que, selon le droit juif, on n'accordait aucune créance au témoignage des femmes [28]. Mais elles ne participent pas à l'ensevelissement.

Nous étions à l'aube du sabbat. C'est bien pourquoi

les principaux des prêtres et des pharisiens sont inquiets. Le lendemain, ils allèrent ensemble trouver Pilate et lui dire :

– Seigneur, il nous souvient que, de son vivant, cet égareur a dit : au bout de trois jours je ressusciterai. Ordonne donc qu'on s'assure du sépulcre jusqu'à ce troisième jour, de peur que ses disciples ne viennent le dérober et ne disent au peuple : il s'est relevé d'entre les morts. Cette dernière imposture serait pire que la première.

Pilate leur répondit :

– Vous avez une garde. Allez, assurez-vous comme vous l'entendez.

Ils allèrent donc s'assurer du sépulcre en surveillant la pierre et en y mettant des gardes [29].

11

Le tombeau vide

L'Histoire s'arrête-t-elle à cette fin tragique d'un homme qui meurt sur la Croix et dont la sépulture est barrée d'une lourde pierre et gardée ? L'historien est mal à l'aise, car l'événement de la résurrection de Jésus-Christ d'entre les morts échappe à la science historique. Mais, ce qui lui appartient, c'est la foi pascale des disciples et des premiers chrétiens.

Selon les évangélistes unanimes, témoins ou chroniqueurs des témoins qu'ils ont entendus, les femmes – c'est-à-dire Marie de Magdalena, l'autre Marie, Salomé et les autres femmes – qui se sont rendues au petit jour, le lendemain du sabbat, c'est-à-dire le dimanche matin, au sépulcre, avec les aromates et les parfums qu'elles avaient préparés pour honorer ainsi celui qu'elles avaient aimé sans espérer et « se lamenter », ont vu le *tombeau vide.*

Lorsqu'elles arrivent, inquiètes de ne savoir comment rouler la pierre fermant le rocher [1], elles la voient déjà roulée. Elles entrent et ne trouvent pas le corps de Jésus. Elles en étaient naturellement « désemparées [2] ». Mais un « jeune homme assis, sur la droite, vêtu d'un vêtement blanc [3] » leur apparut. Elles furent saisies. Peut-être n'ont-elles pas vu qu'ils étaient deux, selon Luc et Jean. Le message évangélique que nous appelons la résurrection de Jésus est identique :

Mt 28, 5-6	Mc 16, 6	Lc 24, 5-6
Ne craignez pas !	Ne vous étonnez pas !	Pourquoi
Je sais que vous cherchez	Vous cherchez	cherchez-vous
Jésus le crucifié.	Jésus le Nazaréen le crucifié.	le Vivant parmi les morts ?
Il n'est pas ici, il est ressuscité,	Il est ressuscité, il n'est pas ici ;	Il n'est pas ici, il est ressuscité ;
comme il l'avait dit.		rappelez-vous comme il avait parlé.
Venez, voyez le lieu où il gisait.	voici le lieu où ils l'ont déposé.	

Les femmes allèrent alors prévenir les hommes que le tombeau était vide. Elles étaient « tremblantes et hors d'elles. Elles ne dirent rien à personne, tant elles étaient effrayées [4] », selon Marc. Selon Luc, « elles annoncèrent tout cela aux onze et à tous les disciples ». Naturellement, on ne les crut pas. Croit-on les femmes ? « Ces paroles, dit Luc, parurent aux disciples une sorte de radotage. Ils se méfièrent [5]. » Mais, en définitive, ce sont les premières à s'être rendues au Sépulcre. Ensuite, Pierre.

Voici les textes : « Cependant, Pierre partit et courut au tombeau ; se penchant, il ne voit que les bandelettes ; il s'en retourne de son côté, s'étonnant de ce qui était arrivé [6]. » « Quelques-uns des nôtres, racontent les disciples d'Emmaüs, sont allés au tombeau et ont trouvé les choses tout comme les femmes avaient dit ; mais lui, ils ne l'ont pas vu [7]. » « Pierre sortit avec l'autre disciple... et ils se rendaient au tombeau... Se penchant... il voit les bandelettes posées là, ainsi que le suaire qui était sur sa tête, non pas posé avec les bandelettes, mais roulé à part, dans un même endroit. Alors donc entra aussi l'autre disciple... il vit et il crut [8]. »

Le tombeau vide atteste de la promesse qui a été faite. Ce tombeau vide a un sens. Les disciples savent alors que les paroles de Jésus étaient vraies. Ils eurent presque aussitôt la certitude absolue que Jésus était ressuscité. Cette déchirure dans la trame de l'Univers, de ses lois et de ses phénomènes, ne fut pas pour eux incompréhensible.

Lorsque Jésus parut ensuite au milieu d'eux, sa résurrection fut un fait d'expérience, une évidence, une certitude. Cette donnée, ce credo originel, Paul l'exprimera une vingtaine d'années après en prêchant à Corinthe et avant que les évangélistes témoignent : « Je vous rappelle, frères, l'Évangile que je vous ai annoncé, que vous avez reçu et dans lequel vous demeurez fermes, par lequel aussi vous serez sauvés, si vous le gardez tel que je vous l'ai annoncé... Autrement, vous auriez couru en vain. Je vous ai donc transmis tout d'abord ce que j'avais moi-même reçu, à savoir que le Christ est mort pour nos péchés selon les Écritures, qu'il a été mis au tombeau, qu'il est ressuscité le troisième jour, selon les Écritures, qu'il est apparu à Céphas puis aux Douze. Ensuite, il est apparu à plus de cinq cents frères à la fois – la plupart d'entre eux vivent encore et quelques-uns sont morts ; ensuite, il est apparu à Jacques, puis à tous les apôtres. Et, en tout dernier lieu, il est apparu à moi aussi, comme à l'avorton... Bref, eux ou moi, voilà ce que nous prêchons, et voilà ce que vous avez cru [9]. » Paul souligne que certains témoins sont encore vivants quand il écrit sa lettre. Jésus est vivant, tel est le fait attesté. Des femmes et des hommes l'ont vu : *il est vivant !*

Ce qui a été ainsi proclamé et qui illumine tout ce qui précède – la résurrection – tient peu de place dans les Évangiles. C'est un fait. Rapporté par les quatre évangélistes et qui n'est contesté par personne. Il tient en quelques lignes. Que dire de plus de ce fait historique – le tombeau est vide – et transcendant – « il est vraiment ressuscité », selon la belle formule de la pâque orthodoxe, reprise de Luc XXIV-35 ?

Lorsque Paul écrit à Éphèse, en 56 ou 57, il rappelle aux Corinthiens ce qu'il leur a enseigné pendant son séjour parmi eux, qui peut se situer entre 50 et 52. Et il transmet ce qu'il a reçu. Ce qui nous renvoie à Damas, lieu de sa conversion, ou à Jérusalem auprès des apôtres. Ce sont donc les années 36-39, toutes proches du procès de la mort de Jésus en 30 ou 33, dont il témoigne. Et son témoignage est aussi le plus ancien :

« Je vous ai transmis en premier lieu ce que j'avais moi-même reçu : que le Christ est mort – pour nos péchés – selon les Écritures, qu'il a été enseveli, qu'il est ressuscité – le troisième jour – selon les Écritures, qu'il s'est fait voir à Pierre [10]... »

Paul rapporte ce fait inouï essentiel : la résurrection de Jésus et sa signification, car la résurrection éclaire l'événement scandaleux de la crucifixion du Messie. Il emploie une formule simple, majestueuse, rythmée, qui est rapportée comme une vérité communiquée, cri de la foi pascale à l'état naissant : *Dieu a ressuscité Jésus d'entre les morts.*

Paul ne traite pas d'un sujet controversé. L'évidence est qu'un fait annoncé pour la fin des temps a eu lieu dans le cours du temps. La « formule », c'est-à-dire l'information reçue et transmise par lui, sera reprise avec de légères modifications :

– In Th. IV-14 : « Si nous croyons que Jésus est mort et est ressuscité... »

– In Rom. X-9 : « Si ton cœur croit que Dieu l'a réveillé d'entre les morts, tu seras sauvé... »

Le témoignage est la preuve la plus irrécusable pour l'historien, sauf à entrer dans la critique de l'aveuglement, du délire ou de l'erreur des témoins. Ce que Renan a fait dans sa *Vie de Jésus*, puis, après lui, Loisy, Guignebert et quelques autres. Leur critique n'a pas manqué de relever la différence qui existait entre les évangélistes sur les apparitions de Jésus.

Pour Marc, Jésus apparaît d'abord à Marie-Madeleine, ensuite aux onze mêmes qui étaient à table [11] ; c'est aussi à Marie-Madeleine et à l'autre Marie qu'il apparut alors, selon Matthieu, avant d'apparaître aux onze en Galilée [12] ; c'est toujours à Marie, sans autre précision, qu'il apparut selon Jean [13], avant de se trouver le soir du même jour au milieu de ses disciples qui se tenaient ensemble, « portes fermées par crainte des juifs ». C'est Jean qui rapporte l'épisode de Thomas qui n'était pas avec eux ce soir-là et qui douta de l'ahurissant récit qu'ils lui firent :

– Je ne le croirai pas à moins de voir à ses mains la marque des clous, de mettre mon doigt à la place des clous et de mettre ma main dans son côté.

Huit jours après, Jésus se retrouva au milieu d'eux, portes fermées. Il dit à Thomas :

– Avance ton doigt ici, voici mes mains. Avance ta main, mets-la dans mon côté.

– Mon Seigneur et mon Dieu, lui répondit Thomas.

– Tu as foi parce que tu me vois. Magnifiques ceux qui ont foi sans voir [14].

Après quoi, Jean rapporte les circonstances dans lesquelles Jésus se manifesta encore aux disciples, au bord de la mer de Tibériade ; à Simon Pierre à qui il dit : « Fais paître mes agneaux ».

Jésus leur apparut semblable à celui qu'il était et différent. Il est pareil ; il mange avec les autres : « Il partagea un repas de poissons grillés [15]. » Mais il est aussi ici et là-bas : « Il se montre » portes fermées. A Marie-Madeleine, à qui Jésus apparut le premier et qui eut un mouvement vers lui :

« Maître ! – Ne me touche pas – *noli me tangere* – car je ne suis pas encore remonté chez mon Père [16]. »

Tout comme Paul, les Actes des Apôtres attestent : « A eux aussi [les Apôtres], après sa Passion, il s'était montré plein de vie, leur donnant des preuves nombreuses, leur apparaissant pendant quarante jours et les entretenant du Royaume de Dieu [17]. »

Ces différences entre les témoignages des évangélistes, notamment topographiques et chronologiques, ne sont pas inexplicables. Elles témoignent plutôt pour la véracité des témoignages rapportés. Les souvenirs de la Passion ont été racontés dans les premières communautés en fonction des perspectives propres à chaque missionnaire. Retenons d'une saine critique :

– Le fait, constaté, du tombeau vide par Marie et Pierre est un fait historique. Il ne prouve ni pour ni contre la résurrection. Mais il est. D'où, d'ailleurs, la légende juive rapportée par Matthieu selon laquelle « les disciples de Jésus sont venus pendant la nuit et ont dérobé le corps [18]. »

– Les apparitions du ressuscité aux saintes femmes, aux disciples d'Emmaüs, aux onze, « à plus de cinq cents » de leurs frères, ont toutes en commun la lenteur et l'hésitation de ceux qui tardent à le reconnaître.

Il en résulte un événement historique, l'attestation d'un événement transcendant l'Histoire, à savoir que les Apôtres se sont métamorphosés après la découverte du tombeau vide, premier indice d'un renversement de tous les déterminismes. Les apôtres, entre le vendredi saint et la Pentecôte, changent radicalement. Ils se conduisent comme si la promesse de Jésus était exacte : « Je suis avec vous jusqu'à la fin des siècles. » Cette poignée de pauvres fuyards se transforme en une troupe d'hommes résolus que la conviction de la résurrection de leur maître rend invincibles. Ils vont faire partager leur foi autour de la Méditerranée, en Syrie, en Égypte, en Iran, en Cappadoce, en Grèce, en Arabie, à Rome. Ils disent et ils prêchent qu'ils ont vu le tombeau vide et le Christ vivant, selon sa promesse, mais Il est ressuscité [19]. Paul a raison : « Si le Christ n'est pas ressuscité, notre prédiction est donc vaine, vaine aussi notre foi [20]. »

A ce point, où se rejoignent le fait, les témoignages, « il s'est fait voir », dit Paul, et le mystère, la résurrection de Jésus et son exaltation auprès de Dieu, le réel pour le croyant déborde l'historique. Le réel est ce sans quoi, dit

Paul, rien n'aurait eu de sens en l'an 30, en Judée, et n'aurait de sens aujourd'hui, sens qui domine l'Histoire et en rend compte.

La connaissance historique constate que des femmes sont venues au tombeau de Jésus et n'ont pas trouvé le corps de Jésus et que des hommes, Pierre le premier, qui en témoignera, les onze ensuite, d'autres encore, et Paul, le dernier sur le chemin de Damas, hommes connus par ailleurs pour leur existence, ont attesté qu'un homme revenu de la mort s'est fait voir à eux. Ils l'ont vu ; ils ont cru ; ils en ont été de fait métamorphosés. La connaissance historique ne peut aller au-delà, mais elle constate aussi que ces témoignages sur ce que le Christ est vivant et qu'il s'actualise dans la Parole et dans le Pain, sont toujours présents dans la parole des croyants. Ils disent, comme Paul s'identifiant à ceux auxquels il s'adressait : « Je vis, ce n'est pas moi qui vis, c'est le Christ qui vit en moi, et si maintenant je suis dans la chair, je vis dans la foi au Fils de Dieu qui m'a aimé et s'est livré pour moi. » C'est aux fruits que l'on reconnaît l'arbre.

L'origine judiciaire de l'antisémitisme chrétien : le peuple déicide

« Ce ne sont pas les juifs qui ont crucifié Jésus, ce sont nos péchés. » Cette formule de Charles Péguy n'est pas un paradoxe. Elle exprime la vérité profonde du procès et de la mort de Jésus dans les termes mêmes employés par le catéchisme du concile de Trente en 1563 : « Ce sont nos crimes qui ont fait subir à Notre-Seigneur Jésus-Christ le supplice de la Croix. »

Mais la disculpation de Pilate et des Romains dans les Actes des Apôtres et les Évangiles apocryphes, la rupture progressive et douloureuse entre la Synagogue et l'Église qui vit aux juifs, les premiers persécuteurs, succéder les chrétiens comme persécuteurs des juifs, les écrits accusateurs des Pères de l'Église au IVe siècle, le système de mépris mis en place par des institutions chrétiennes à partir du IXe siècle, la dévotion chrétienne et la liturgie elle-même du vendredi saint iront dans un autre sens. Le procès de Jésus continue après sa conclusion. Il tendra à rendre responsable le peuple juif, collectivement, de la crucifixion. Esquissons les étapes de la genèse de cette accusation meurtrière : le peuple déicide.

Les Actes des Apôtres

Les premiers documents dont nous disposons sont les Actes des Apôtres écrits par Luc. La valeur historique apparaît mieux de ce document à mesure que nous connaissons davantage le milieu politique et culturel juif. La première partie des Actes, jusqu'au chapitre XIII, concerne la communauté chrétienne de Jérusalem. La seconde rapporte les voyages de Paul par leur témoin direct, Luc.

Dans la Palestine occupée, les premiers chapitres nous montrent les relations de la communauté chrétienne naissante avec les diverses sectes juives : les grands prêtres et les sadducéens, attachés au statu quo, les pharisiens tolérants pourvu qu'ils puissent librement approfondir toutes les implications de la Loi, les esséniens qui attendent de Dieu la libération d'Israël, et les zélotes qui l'attendent de l'action violente. Cette communauté naissante s'est formée autour des Douze sur qui Jésus a fondé son Église. La formule fameuse d'Alfred Loisy, en 1902 : « Jésus annonçait le royaume et c'est l'Église qui est venue » est fausse. Les Douze ont bien reçu de Jésus la « charge » (épiscopé) d'annoncer la bonne nouvelle, de baptiser et de remettre les péchés. C'est le jour de la Pentecôte que l'Esprit saint est descendu sur les disciples, et ce moment est le premier moment de l'Église primitive. Ces hommes faibles, souvent incultes, et craintifs, acquièrent alors une autorité qui les constituent missionnaires de la bonne nouvelle : *Jésus le Christ est ressuscité.* Ils en apportent une triple justification : la preuve par leur propre témoignage de cette affirmation inouïe ; les œuvres de puissance qu'ils accomplissent au nom de Jésus ; et leur conviction de foi que cet événement est l'accomplissement des Écritures.

Les Douze ont été choisis et formés par Jésus durant sa vie terrestre. Ils ont été les témoins de la résurrection puisqu'ils l'ont vu et touché et qu'ils sont à ce titre les témoins de la foi jusqu'à la fin des temps. Ils ont reçu le pouvoir de donner le baptême et de remettre les péchés. Ils sont aussi les ministres de la parole : « Vous allez recevoir une force, celle de l'Esprit saint. Vous serez alors mes témoins à Jérusalem, dans toute la Judée et la Samarie et jusqu'aux confins de la terre. » Avec eux s'ébauche la première assemblée ecclésiale puisqu'il est dit que les baptisés « se montraient assidus à l'enseignement des Apôtres, fidèles à la communion fraternelle, à la fraction du pain et aux prières ». Au nom des Douze, c'est toujours Pierre qui prend la parole. Les Actes nous rapportent trois discours de Pierre dont le dessein est de montrer la continuité entre la vie de Jésus et celle de l'Église avant que la seconde partie des Actes montre la continuité entre la communauté de Jérusalem et l'apostolat auprès des païens [1].

Mais les Actes des Apôtres rapportent également les actes d'hostilité que provoque cette prédication. Pierre et Jacques, surpris alors qu'ils prêchent dans le Temple, sont arrêtés et cités devant le Sanhédrin avant d'être relâchés « faute de trouver comment les punir [2] ». S'ils ont été arrêtés, c'est à l'instigation des prêtres, de l'officier du Temple et des sadducéens, « fatigués de les entendre » annoncer la résurrection de Jésus. Comme ils continuent à prophétiser et à exorciser, ils sont de nouveau arrêtés. Pierre répond au grand prêtre qui l'interroge : « Le Dieu de nos pères a relevé Jésus que vous avez fait mourir pendu à un bois [3]. » Le « vous » est déjà collectif, même s'il s'adresse personnellement à l'instigateur même. Pierre et Jacques sont relâchés à nouveau avec l'ordre de ne plus parler au nom de Jésus. Le discours adressé au Sanhédrin par le rabbin pharisien Gamaliel, disciple d'Hillel, et maître de Paul, est particulièrement intéressant : « Ne vous occupez pas de ces gens, laissez-les ; car si leur entreprise vient des hommes, elle se détruira elle-même, mais si vraiment elle vient de Dieu, vous n'arriverez pas à la détruire. »

Rappelons que la première communauté chrétienne est composée de chrétiens majoritairement fidèles au culte du Temple, stricts observants des règles mosaïques et attachés à la patrie juive. « Les myriades de juifs qui ont cru sont zélateurs de la Loi [4]. » Ce qui veut dire que les enfants sont circoncis, les règles concernant la purification observées, ainsi que le repos de sabbat. Et ils participent aux prières du Temple : « Ils étaient chaque jour au Temple, assidus et unanimes [5]. » Les premiers chrétiens sont des juifs particulièrement fervents. Mais, en même temps, ils forment, nous l'avons vu, une *ecclesia*, une assemblée qui a sa vie propre. Les familles riches chrétiennes mettaient leur maison à la disposition de leurs frères qui « rompaient le pain dans leur maison [6] », expression archaïque pour désigner l'eucharistie instituée par Jésus au cours du dernier repas avec ses disciples ; et ils priaient ensemble dans la nuit du samedi au dimanche.

Si l'Église va se développer rapidement à Jérusalem et en dehors de Jérusalem, dans les milieux juifs de la Palestine et de la diaspora, également dans les juiveries de Syrie, à Antioche et à Damas, en Samarie avec Philippe, en Transjordanie et à Pella, en Macédoine avec Barnabé et en direction des milieux helléniques, c'est dans l'Église de Jérusalem que le christianisme est originellement apparu. Mais c'est à Antioche que le nom de « chrétiens » fut pour la première fois donné aux membres de la communauté des « partisans de Chrestos [7] ». C'est Ignace d'Antioche qui nous a laissé la première mention du mot *christianisme* dans une lettre aux Magnasiens : « Apprenons à vivre selon le christianisme... Il est absurde de parler de Jésus-Christ et de judaïser. Car ce n'est pas le christianisme qui a cru au judaïsme mais le judaïsme au christianisme. » Les adversaires qu'Ignace accuse de corrompre la communauté et qu'il combat sont des chrétiens influencés par un judaïsme gnostique, qui nient la réalité de l'Incarnation et qui prétendent s'appuyer pour cela sur l'Ancien

Testament. Rappelons que la première mention que fera un écrivain latin du christianisme emploie une expression analogue : *judaei impulsore christo tumultantes* ; il s'agit de Suetone dans sa vie de Claude pour stigmatiser ces juifs « qui, sous l'impulsion d'un certain Christos, ne cessaient pas de s'agiter ». C'est sans doute pour transmettre à « ceux du dehors », c'est-à-dire aux non-juifs, la bonne nouvelle de Jésus, que fut prise la décision de la mettre par écrit.

La crise du judéo-christianisme

Dans les Actes apparaît déjà l'opposition entre « juifs » et « grecs ». Alors que le mot juif est rarement employé dans les Évangiles synoptiques, il est présent soixante-neuf fois dans les Actes et soixante et onze dans Jean, le plus éloigné dans le temps des Évangiles. Il est vrai qu'une véritable persécution se déclenche contre les disciples de Jésus. C'est en 49 que la fêlure se manifeste à l'intérieur de ce que l'Histoire nomme le judéo-christianisme, plus exactement entre judéo-chrétiens et chrétiens de la gentilité, c'est-à-dire les chrétiens du dehors, et que s'amorce l'antijudaïsme chrétien. Deux épisodes en témoignent : l'incident d'Antioche rapporté par Paul dans l'*Épître aux Galates* et le concile de Jérusalem évoqué aux chapitres centraux IX à XV des Actes des Apôtres. C'est à partir de ces épisodes que le judéo-christianisme va commencer à décliner et le christianisme paulinien inaugurer son aventure universelle.

En 49, en effet, « des gens descendus de Judée » viennent troubler la communauté d'Antioche en enseignant que la circoncision est obligatoire pour tous. Il était cependant admis depuis l'origine que les gentils convertis n'étaient pas astreints à la circoncision. Cette démarche pressante dans le sens contraire est inspirée par le développement du conflit avec Rome ; admettre des non-circoncis est présenté comme une trahison à l'égard du judaïsme national. Il semble s'être agi d'un mouvement de défense fondamentaliste face au développement des pagano-chrétiens encore minoritaires mais se multipliant. « Paul et Barnabé s'insurgèrent [8]. » Paul se présente comme l' « apôtre des nations », alors que Pierre est nommé par lui l' « apôtre des circoncis [9] ». Paul part avec Barnabé et un jeune grec nommé Tite, après que la communauté d'Antioche en eut délibéré, pour porter le différend devant les apôtres et l'Église de Jérusalem.

Les Actes racontent le débat qui a lieu entre les pharisiens chrétiens partisans de la circoncision mosaïque et les apôtres de la liberté pour ceux dont « les cœurs ont été purifiés par la foi ». Pierre, semble-t-il de passage à Jéusalem, malgré ses réserves, et Jacques, le représentant de l'Église locale, font trancher le débat en faveur de Paul en précisant toutefois que les païens convertis sont tenus de l'abstention des viandes interdites, au rejet des idoles et de la prostitution. Ce qu'on a appelé « le concile de Jérusalem » a donc résolu définitivement la question de la circoncision des gentils. Mais il marque surtout la rupture du christianisme et de la communauté juive [10]. Pierre craint alors que les judéo-chrétiens retournent au judaïsme, alors que Paul veut voir le christianisme se libérer de ses origines. C'est le plaidoyer qu'il prononce dans sa *Lettre aux Galates* où il oppose la « foi au Christ » aux « œuvres de la Loi ». Cette ouverture de l'Alliance aux « nations » est formellement approuvée par Jacques. Il a le sentiment d'agir dans l'esprit de Jésus : « Il a semblé bon l'Esprit saint et à nous-mêmes [11]... » Les chrétiens pour qui le corps de Jésus est le nouveau Temple perdent ainsi toute attache culturelle avec le Temple de Jérusalem qui sera détruit par les Romains en 70. L'expansion autour de la Méditerranée est alors rapide ; nous pouvons la suivre dans le journal de voyage de Luc, compagnon de Paul, qui constitue la seconde partie des Actes, et dans les Épîtres de Paul. Le christianisme vient de naître.

L'opposition que l'on fait parfois entre Paul et Pierre pour faire du premier le vrai fondateur de l'Église est abusive. Avant le concile de Jérusalem, Pierre, l'« apôtre des circoncis », a, au témoignage même de Paul et selon les Actes (X-XI), reconnu la légitimité du baptême des incirconcis. Corneille, centurion de la cohorte qui est en garnison à Césarée, était un païen qui reconnaissait le Dieu d'Israël. Il était de ceux qu'on appelait « les adorant Dieu ». Il eut une vision qu'il expose à Pierre. Celui-ci constate « que Dieu ne fait pas acception de personne, mais qu'en toutes nations celui qui le craint et pratique la justice lui est agréable ». Les circoncis s'étonnent, mais l'effusion de l'Esprit est sur eux, disent les Actes, qui révèle à Pierre que la circoncision n'est rien et que la foi est la seule condition demandée aux païens pour appartenir à l'Esprit. Alors Pierre dit : « Peut-on refuser l'eau du baptême à ceux qui ont reçu l'Esprit saint aussi bien que nous ? » Et il ordonne de baptiser au nom de Jésus-Christ. C'est donc à Pierre que les Actes attribuent la démarche décisive de l'accueil des païens dans l'Église, dans la continuation et l'expansion de la Pentecôte. Et c'est Pierre qui transférera de Jérusalem à Rome le centre de l'Église et qui sera ainsi le Fondateur et le Pasteur de l'Église unie.

L'Évangélisation des païens

Paul prêche en Macédoine, à Athènes, à Corinthe, à Éphèse. Avec lui le christianisme a donc atteint l'Europe. Pendant cette période, et les Épîtres nous le montrent d'une manière pathétique [12], les difficultés que rencontre Paul proviennent des chrétiens de Jérusalem et de Palestine dont le nationalisme juif refuse de faire le deuil du judéo-christianisme. Nous assistons en même temps à une judaïsation des chrétiens que nous donnent à voir les *Lettres aux Corinthiens*, aux *Galates* et aux *Romains*. À Éphèse, Paul se heurte à une communauté judéo-chrétienne puissante qui l'empêche de fonder face à celle-ci une communauté de la gentilité [13]. En Galatie, les chrétiens reviennent à la stricte pratique des observations légales : « C'est moi, Paul qui vous le dis : si vous vous faites circoncire, le Christ ne vous servira à rien... car dans le Christ-Jésus, la circoncision n'est bonne à rien et le prépuce non plus, mais la foi, qui est à l'œuvre dans la charité... Il est donc aboli le scandale de la croix [14] ! »

Et pour cela il revendique dans ses Épîtres son appartenance au judaïsme le plus orthodoxe : « Si quelqu'un croit avoir des raisons de se confier dans la chair, j'en ai bien davantage : circoncis dès le huitième jour, de la race d'Israël, de la tribu de Benjamin, Hébreu fils d'Hébreu, quant à la Loi pharisienne, quant au zèle persécuteur de l'Église, quant à la justice que peut donner la Loi, homme irréprochable » (Phi. III, 4-6). Le texte des Actes fait état de renseignements différents, mais convergents : « Je suis juif. Né à Tarse en Cilicie, j'ai cependant été élevé ici dans cette ville [Jérusalem], et c'est aux pieds de Gamaliel que j'ai été formé à l'exacte observance de la Loi de nos pères. Et j'étais rempli du zèle de Dieu, comme vous l'êtes tous aujourd'hui. J'ai persécuté à mort cette Voie [le christianisme]. »

Mais les obstacles n'arrêtent pas Paul d'annoncer aux « nations » l'événement nouveau dont il est le prédicateur : le Christ est celui par qui le Dieu vivant se manifeste, et il est annoncé à tous. Pour se faire entendre, Paul n'attaque pas de front l'idolâtrie. Il donne pour cela une signification positive à l'humanité païenne. Il constate que la religion – « cette recherche de la divinité pour l'atteindre, comme à tâtons, et la trouver » – correspond à la nature de l'homme. C'est pour cela que Dieu « a fait tout le genre humain ». A Athènes, sur l'Agora, il part de l'inscription « Au Dieu inconnu » qu'il commente ainsi : « Ce que vous adorez sans le connaître ; je viens, moi, vous l'annoncer. » Il fait ainsi appel à l'expérience intérieure de l'homme. « La divinité n'est pas loin de chacun d'entre nous. C'est en elle en effet que nous avons la vie, le mouvement et l'être. Ainsi d'ailleurs l'ont dit certains de vos poètes; car nous sommes aussi de sa race. » Il montre alors que cette recherche de Dieu s'est égarée dans l'idolâtrie. Et ce charismatisme se heurte ainsi à l'ordre gréco-romain tout autant qu'à sa communauté d'origine.

Mais ce n'est pas tant l'infidélité religieuse qui est en cause dans ce conflit entre Paul et ses frères juifs que la trahison politique; un courant puissant soulève alors le monde juif contre Rome. En 58, Paul vient s'expliquer à Jérusalem. A la demande de Jacques et des anciens, il se rend au Temple [15] pour faire un acte public de loyalisme juif. Mais une manifestation est organisée contre lui et il est arrêté par les soldats romains. Le préfet Félix se rend compte de son innocence mais le garde en détention préventive à Césarée. Son successeur, Festus, l'envoie à Rome où il restera en liberté surveillée en 60 et 61. Ses *Épîtres aux Colossiens* et aux *Éphésiens* attestent des conflits qui se poursuivent sur les observances, les interdits alimentaires, ou les questions de calendrier. Libéré en 63, Paul reprend son activité missionnaire. Les deux Épîtres à *Timothée* et l'Épître à *Tite* montrent que le conflit est croissant; on constate que certains milieux judéo-chrétiens proscrivent le mariage et le vin. Et Paul constate avec désespoir que tout le monde l'abandonne en Asie. En Judée, ce sont les formes aberrantes du courant messianique et de l'attente apocalyptique qui se développent, tandis qu'apparaissent, aux frontières du judaïsme et du christianisme, les hérésies gnostiques qui prendront toute leur importance entre 70 et 140.

« Jamais le judéo-christianisme n'a paru aussi triomphant qu'à cette heure, écrit Jean Daniélou. Il est pourtant à la veille de son échec [16]. » Paul est arrêté à nouveau à Rome; Pierre également. Néron a accusé les chrétiens d'être responsables de l'incendie de Rome en juillet 64. Il semble que Paul ait été dénoncé comme fauteur de troubles aux autorités romaines par des judéo-chrétiens. « Ils m'ont tous abandonné » a-t-il déjà dit [17]. O. Cullmann attribue aux mêmes judéo-chrétiens la dénonciation de Pierre dont la mort a lieu en 65, avant celle de Paul, martyres qui vont conférer à Rome sa qualité d'Église apostolique par excellence. En 44, Jacques avait été décapité. Eusèbe attribue sa mort à la dénonciation des pharisiens sous le pontificat de la famille d'Anne [18]. Flavius Josèphe indique que ce coup de force fut désapprouvé par l'opinion : « Tous les habitants de la ville, les plus modérés et les plus attachés à la Loi, en furent irrités. »

La guerre juive, issue du messianisme antiromain, commence. La communauté chrétienne se sépare alors du destin d'Israël en se retirant à Pella, en Transjordanie [19]. Ce geste, décidé par Siméon, cousin de Jésus, qui avait succédé à Jacques, « plus qu'aucun autre, marque la rupture définitive de l'Église avec le judaïsme », constate l'historien même du judéo-christianisme, Jean Daniélou [20]. En 70, Titus s'est emparé de Jérusalem ; il en détruit le Temple ; il massacre une grande partie de la population juive. La fin du messianisme juif, avec la chute de Jérusalem, la ruine des institutions culturelles et du sacerdoce et la fin de l'autonomie palestinienne libèrent le christianisme du judaïsme. Ce qui ne se fera évidemment que dans le temps ; des liens se maintiennent ou se renouent entre les fidèles. Mais la piété, les rites, les fêtes, et notamment la fixation de la fête de Pâques, l'explication des Écritures analogiques par opposition au littéralisme judaïque, éloignent peu à peu le christianisme du judaïsme et l'Église de la Synagogue. La morale aussi, avec la prédilection chrétienne pour la virginité opposée à la morale juive du mariage, et le lien entre la bénédiction céleste et la fortune temporelle plus optimiste dans le judaïsme que dans l'idéal chrétien de pauvreté, du moins tel qu'il est enseigné, à défaut d'être pratiqué.

Le christianisme et le judaïsme vont coexister dans l'Empire romain. Ce sont des frères ennemis « dressés l'un contre l'autre à propos d'un héritage », car ils ont un seul et même Dieu, et la bibliothèque hébraïque leur est commune. Marcel Simon, dans sa thèse sur les relations entre chrétiens et juifs dans l'Empire romain (135-425), *Verus Israël*[21], s'est fait l'historien de cette rupture douloureuse. Tout n'est cependant pas terminé pour Israël en 70. La destruction finale de la Jérusalem juive s'achève en 135, sous Hadrien, après la deuxième guerre de Judée. Alors seulement l'espérance messianique se met en veilleuse et le judaïsme se replie sur lui-même, tandis que le christianisme, ayant pris une claire conscience de son autonomie et de sa mission universelle, se tourne résolument vers les gentils.

C'est en 90, dans cet intervalle entre les deux guerres juives, entre Titus et Hadrien, que l'on peut dater l'ultime rupture entre les deux communautés[22] : les pharisiens décident d'exclure de la Synagogue ceux qui confesseraient Jésus comme le Christ. Si l'Église s'est peu à peu constituée comme distincte de la Synagogue, elle ne s'en était pas séparée ; c'est la Synagogue qui a exclu l'Église. L'Église, née juive, d'une piété juive exemplaire, respectueuse de la Loi dans son esprit, a donc été exclue. Jules Isaac parle lui-même « des juifs persécuteurs, les premiers persécuteurs[23] ». C'est la célèbre malédiction juive : « Que les Nazaréens et les Minins périssent en un seul instant. » Le prosélytisme juif d'alors, pour qui le chrétien est l'ennemi par excellence, s'attire cette plainte de Justin : « Vous nous haïssez et, chaque fois que vous obtenez le pouvoir, vous nous tuez. » Origène a répertorié les insultes judaïques habituelles à la personne du Christ, et Tertullien leur reprochera d'être les instigateurs des persécutions antichrétiennes. Ce qui atteint Israël dans son âme même, c'est que l'indépendance de l'Église se tourne en guerre contre l'Israël « selon la chair », au nom de l'Israël « selon l'esprit » qu'elle affirme incarner.

Genèse de l'antisémitisme chrétien

L'évolution se lit dans les récits de la Passion. Nous avons noté que les synoptiques sont réservés sur le rôle des juifs qui ne sont pas nommés collectivement. Le IVe Évangile de Jean parle au contraire des juifs de façon péjorative et fréquente ; les apocryphes accentuent la tendance des Évangiles en minimisant le rôle de Pilate pour alourdir d'autant le poids des responsabilités juives. Ainsi l'*Évangile de Pierre*, dont la rédaction doit être contemporaine de la deuxième guerre de Judée, au plus tard en 130, substitue Hérode à Pilate et présente les juifs comme les seuls bourreaux de Jésus [24]. C'est ainsi que prend naissance un thème majeur de l'antisémitisme chrétien qui s'épanouit sous la forme du *peuple déicide*. Justin l'exprime en s'adressant au rabbin Triphon : « Vous l'avez crucifié, le seul irréprochable et juste... Vous avez mis le comble à votre perversité en haïssant le Juste que vous avez tué [25]. » La littérature antijuive est abondante : *Adversus Judaeos* de Tertullien, *Testimonia* de Cyprien, et, surtout, les *Homélies* de Jean Chrysostome, diatribes qui invectivent les juifs. C'est l'attirance qui demeure de la Synagogue qui est au bout de la pointe de ces polémiques. C'est pourquoi l'argumentation fondamentale s'appuie sur les textes bibliques et leur lecture ; elle n'est donc pas destinée aux païens ; elle est interne : « Vos Écritures, ou plutôt non pas les vôtres, mais les nôtres, car nous nous laissons persuader par elles, tandis que vous les lisez sans comprendre l'esprit qui est en elles [26]. » Ce qui veut dire que le christianisme accomplit les Écritures. A l'exégèse littérale, le christianisme oppose l'exégèse allégorique. C est d'ailleurs dans l'autre camp la méthode du philosophe juif Philon pour montrer la concordance de la sagesse grecque et de la Révélation biblique. Ce sont donc les mêmes méthodes comparatives que pratiquent les docteurs du christianisme et du judaïsme ; chacun accuse l'autre, ce qui atteste de maintes confrontations, de grossières erreurs dans l'interprétation de l'Écriture.

C'est au IVe siècle que se constitue l'argumentaire chrétien antisémite. L'antisémitisme gréco-romain l'avait précédé. Certains s'en prévaudront au XXe siècle pour décharger d'autant les chrétiens ; d'autres, depuis, en exonèrent les Anciens pour mieux en faire retomber la responsabilité sur l'Église. Ainsi Léon Poliakov, Roger Ikor et Jules Isaac ont notamment suivi cette voie. L'antisémitisme chrétien est suffisamment caractérisé pour qu'il soit nécessaire d'occulter l'antisémitisme antique. Celui-ci ne se fonde jamais, cependant, sur la notion de race, notion étrangère à la mentalité antique, ou sur l'activité économique ou financière des juifs [27].

Ce sont les pratiques religieuses des juifs, incompréhensibles, qui sont tournées en dérision par l'antisémitisme antique : la circoncision, le sabbat, l'abstention de viande de porc. Ces pratiques suscitent la surprise et la méfiance. Mais elles sont la traduction dans la vie religieuse de ce qui est source de scandale : le monothéisme. Strabon, Celse, Juvenal, Plutarque, Pline le Jeune s'en font l'écho. Tout est légende sulfureuse : les juifs adoreraient une tête d'âne en or enfermée dans le Temple et feraient des sacrifices humains. Si les pratiques prêtent aux soupçons qu'inspirent toujours les sociétés fermées, c'est « le mépris des dieux » qui est l'accusation majeure et qui est source de haine. C'est elle aussi qui explique le reproche fréquent d'insociabilité – *animal dissociale.*

Tacite est sans doute le plus haineux. Les juifs sont pour lui une espèce abominable – *taeterrima gens* – hostiles à tout ce qui n'est pas juif – *adversus omnes hostile odium.* « Là est profane tout ce qui chez nous est sacré, en revanche est permis chez eux tout ce qui chez nous est abomination. » Pour Tacite, les chrétiens sont une tige juive indissociable de sa racine. Les accusations d'immoralité, de meurtres rituels et de haine du genre humain sont d'ailleurs communes aux juifs et aux chrétiens.

Pour les chrétiens, l'antisémitisme, qualifié par Lovsky d'antisémistisme de différenciation, est d'abord un antijudaïsme [28]. Il est né de ce que la prédication chrétienne se détourne d'Israël au profit des gentils. S'il est absent de Paul, qui vit pourtant la concurrence et l'affrontement, il s'exprime dans le IVe Évangile à la mesure du dépit suscité par la résistance d'Israël. Ce n'est qu'avec le temps qu'elle apparaîtra irréductible. C'est d'ailleurs pourquoi l'antisémitisme chrétien ne s'épanouit qu'au IVe siècle. Il est d'abord théologique.

Le crime de déicide

Le grief essentiel, c'est la mort du Christ. Ce sont les cris de la foule à Pilate : « Crucifie-le ! crucifie-le ! » « Eux qui ont tué Jésus, le Seigneur », écrit Paul [29]. Et le déicide est l'aboutissement des vices incurables et des crimes abominables des juifs dénoncés par leurs prophètes eux-mêmes. Les invectives d'Étienne au Sanhédrin, avant d'être lapidé pour les avoir prononcées, les rappellent : « Nuques raides ! Incirconcis de cœur et d'oreilles ! Vous n'arrêtez pas de contrer l'Esprit saint. Vous êtes bien comme vos Pères ! Quel est le prophète que vos Pères n'ont pas poursuivi ? Ils ont tué ceux qui annonçaient d'avance la venue de ce Juste dont, de nos jours, vous vous êtes fait traîtres et *meurtriers*, vous qui avez reçu la Loi par le ministère des anges et ne l'avez pas gardée [30]. » C'est bien d'êtres infidèles à leur élection divine qui constitue le reproche profond et qui explique ce double pôle d'hostilité et d'amour entre lesquels les Pères de l'Église vont osciller. Jean, qui dénonce les « juifs », rappelle aussi la parole de Jésus : « Le salut vient des juifs [31] », que Léon Bloy prendra pour titre d'un essai. Et Paul prononce sur son peuple des paroles d'amour trop peu souvent citées, à la mesure de l'ignorance contemporaine où l'on enseigne toutes les littératures sauf la littérature biblique [32] : « Oui, je souhaiterai être moi-même maudit, loin du Christ, pour mes frères, mes parents selon la chair, eux qui sont les israélites, à qui sont l'adoption, la gloire, les alliances, le culte, les promesses, à qui sont les Patriarches et de qui est le Christ selon la chair [33].... »

Oui la scission fut douloureuse puisque la Nouvelle Alliance, expression juive de la foi chrétienne, s'inscrit dans son opposition à l'Ancienne Alliance à l'intérieur du judaïsme et alors que la Révélation s'est exprimée pour les uns et les autres dans le même Livre. Ce sont deux branches du judaïsme qui s'écartent l'une de l'autre au cours d'une longue et pénible histoire où l'une se renferme pour être fidèle à sa vocation et l'autre se déploie dans le monde pour être fidèle à la sienne. C'est cette scission et cette rivalité qui expliquent que les griefs des païens soient rarement repris par la polémique chrétienne antijuive. Les accusations sont nourries d'invectives sacrées. Ce sont les références scripturaires qui nourrissent la polémique. La Bible fait l'objet d'une exégèse antisémite. Les prophètes sont les témoins de l'accusation : « peuple au cou raide » ou à « la tête dure » ; ces expressions traduisent l'obstination têtue des juifs à repousser le Messie. Augustin et Ambroise les citent : charnels, obstinés, meurtriers ; aucun qualificatif n'est trop fort pour les stigmatiser.

Grégoire de Nysse : « *Meurtriers du Seigneur*, assassins des prophètes, rebelles et haineux devant Dieu, ils outragent la Loi, résistent à la grâce, répudient la foi de leurs pères. Comparses du diable, race de vipères, délateurs, calomniateurs, obscurcis du cerveau, levains pharisaïques, sanhédrins de démons, maudits exécrables, lapideurs, ennemis de tout ce qui est beau [34]... » Ainsi le christianisme est-il la véritable religion d'Israël.

Mais le maître de l'imprécation antijuive est Jean Chrysostome. L'un des premiers et des plus grands des Pères grecs. Sa violence et sa grossièreté sont inégalées. Elles sont théologiques mais elles s'expriment dans le langage de l'antisémitisme populaire. C'est le judaïsme des judaïsants et le judaïsme des chrétiens qui sont vitupérés. L'orateur, au cours de ses huit homélies (386-387), explique la misère présente des juifs par leurs péchés monstrueux. C'est là un thème inépuisable développé par Augustin. Le peuple juif est le peuple témoin. L'erreur témoigne pour la vérité. Les juifs sont « les porte-livres » de la chrétienté. « Peuple témoin et peuple châtié ». Après tant de crimes dénoncés par Ezéchiel et les autres prophètes, ils ont tué le Christ. Et le Temple a été détruit : « Là où est la courtisane, le lieu s'appelle un lupanar. Que dis-je ? Non pas lupanar seulement et théâtre : la synagogue est aussi caverne de brigands et repère de bêtes fauves [35]. » La débauche, l'ivrognerie, les vices sont les attributs des juifs. Des mains sanglantes sont des mains nécessairement criminelles. L'accusation de crime rituel est ainsi relayé par des chrétiens sur la foi de Jean Chrysostome.

La différence fondamentale entre l'antisémitisme païen, qui s'exprime notamment à Alexandrie avec les vitupérations d'Apion, et l'antisémitisme chrétien, tel qu'il va se développer à partir de l'antijudaïsme, c'est que le second est nourri par la théologie de la mort du Christ. On ne peut pas aimer la victime sans haïr le meurtrier. Mais, en même temps, l'Église attendant que les juifs remplissent leur rôle de témoins, la haine ne doit pas aller jusqu'à l'extermination. Jérôme et Augustin rappellent le rachat final d'Israël par la miséricorde divine. Ainsi l'attitude de l'Église primitive est-elle mitigée ; elle est hostile et proche ; le philo-judaïsme alterne avec l'antisémitisme.

Mais, ce qui prédomine, c'est l'exaspération de l'Église naissante contre cet Israël qui continue à rayonner sur les chrétiens judaïsants et, d'une certaine manière, sur les païens. La rivalité de ceux qui se réclament également du Dieu d'Abraham est une rivalité dans le prosélytisme. On ne soutient plus aujourd'hui que le judaïsme était stérilisé et réduit à un légalisme desséché au moment de Jésus. Les manuscrits découverts depuis 1947 dans des grottes voisines de la mer Morte et qui ont donné lieu à de très nombreuses études montrent l'ardente piété du judaïsme préchrétien et l'idéal mystique et moral, notamment de la secte essénienne, dans laquelle s'enracine l'Église chrétienne primitive. Ainsi que l'écrit Jules Isaac : « Entre les tenants de l'Ancienne Alliance, d'abord persécuteurs, et adeptes de l'Alliance nouvelle, d'abord persécutés, un dialogue véhément s'engage [36]. » Puis le dialogue cessera avec Constantin, sans que disparaisse l'exaspération de l'Église en présence de sa victoire inachevée.

Certes, dans la *Didascalie*, les fidèles sont invités à prier pour les juifs coupables et infidèles : « Il nous faut jeûner et pleurer pour eux et sur le jugement et la destruction du pays ». La *Didascalie*, ce bréviaire, est de la fin du IIe siècle. Cette prière du vendredi saint sera conservée par la liturgie et, à partir du XVIe siècle, s'exprimera par les mots trop fameux qui ne disparaîtront que sous le pontificat de Jean XXIII : *oremus et pro perfidis judaeis*... Sans doute le mot *perfidis* doit être entendu dans le sens *infidelis*, infidèle, sans foi, mais le sens courant est tout autre, et c'est celui-là qui a été entendu pendant des siècles.

Et ce qui domine, c'est la thèse du châtiment divin. Origène, au IIIe siècle : « Nous pouvons donc affirmer en toute confiance que les juifs ne retrouveront pas leur situation d'antan, car ils ont commis le plus abominable des forfaits en tramant ce complot contre le sauveur du genre humain... Il fallait en conséquence que la ville où Jésus souffrait fût détruite de fond en comble, que le peuple juif fût chassé de chez lui. » Et Augustin, en 427 : « Les juifs, ses meurtriers, n'ont pas voulu croire en lui... » Et dans son *Sermon aux catéchumènes* : « La fin du Seigneur est venue. Ils le tiennent, les juifs, ils l'insultent, les juifs, ils le ligotent, les juifs, ils le couronnent d'épines, ils le souillent de leurs crachats, ils le flagellent, ils l'accablent d'outrages, ils le suspendent au bois, ils fouillent sa chair de leurs lances [37]. » Les malheurs d'Israël sont, selon la prédication chrétienne, « le châtiment providentiel de la crucifixion ». Dans l'antisémitisme chrétien des origines, il n'entre aucune nuance raciale. Les juifs ne constituent pas une race, et aucun déterminisme ethnique ne préjuge de leurs comportements. Devenus les ennemis des chrétiens pour en être les rivaux, les juifs demeurent des frères dont la conversion est le souci premier de l'Église. Ceux qui se convertissent obtiennent toute la faveur de l'Église. Nous sommes encore loin du temps où Drumond dira qu'un juif converti est peut-être un chrétien de plus mais qu'il n'est pas un juif de moins.

On remarquera que là où Jésus avait dit : « Les grands prêtres, les scribes et les pharisiens », on dit désormais « les juifs » ; là où saint Paul avait dit : « Les habitants de Jérusalem et leurs chefs », on dit « les juifs » ; là où Jacques dans son Épître écrit : « A vous maintenant, riches !... Vous avez condamné, vous avez tué le Juste », on dit « les juifs » ; là où Paul encore, dans la Lettre aux Corinthiens, écrit : « Les princes de ce siècle ont crucifié le Seigneur de la Gloire » – et il ne pense pas, cela est évident, au peuple juif comme tel –, on dit « les juifs ». Et Origène encore, polémiquant avec Celse : « Les juifs ont cloué Jésus à la croix [38]. »

Il semble que l'accusation suprême, le crime de déicide, était une accusation déjà fréquente lorsque l'empereur Constantin s'exprime au concile de Nicée selon l'historien de l'Église, Eusèbe : « Il est regrettable d'entendre les juifs se vanter que, sans eux, les chrétiens ne sauraient observer leurs Pâques ; d'ailleurs, depuis leur *déicide*, ils sont aveugles, ne peuvent servir de guide à qui que ce soit [39]. » Et sans faire l'histoire de l'antisémitisme chrétien dont nous voyons la genèse, notons seulement que cette formulation de la malédiction divine se retrouve chez Bossuet, chez Luther ou chez Lammenais, et que Pascal la reprend à son compte : « Chose étonnante... De voir ce peuple juif subsister depuis tant d'années, et de le voir toujours misérable ; étant nécessaire pour la preuve de Jésus-Christ et qu'il subsiste pour le prouver, et qu'il soit misérable, puisqu'ils l'ont crucifié ». Le même Pascal qui avait écrit de sa main un *mémorial* sur parchemin conservé dans la doublure de son pourpoint pour garder le souvenir de l'illumination du 27 novembre 1654 :

Jésus-Christ
Je m'en suis séparé
Je l'ai fui, renoncé, crucifié.

C'est peut-être l'irréductible fidélité des juifs à la loi mosaïque qui les conduit à vivre dans la diaspora, la grande dispersion, en communautés fermées et séparées pour survivre, retranchés dans leur foi comme en une forteresse. Cette séparation est la source profonde et invisible de l'enseignement théologique qui explique le passage du judéo-christianisme à l'antagonisme judéo-chrétien, et, après l'association de l'Église et de l'empire, avec Constantin, à un antijudaïsme actif. Cet antisémitisme théologique est la souche, écrit Jules Isaac, aux multiples et fortes racines sur laquelle sont venues se greffer, dans le monde chrétien, toutes les autres variétés d'antisémitisme, même les plus opposées de nature, même antichrétiennes [40].

L'examen de conscience qui s'est imposé à l'Église au lendemain de la découverte des camps d'extermination nazis, cette négation absolue de l'homme comme homme, qui va provoquer une stupeur dont le monde demeure frappé, l'a conduit à reconnaître comment cet enseignement théologique, qui s'est toujours élevé contre les persécutions et les massacres, avait déposé dans les âmes, avec une sorte d'horreur sacrée du juif, un subconscient d'antisémitisme qui est passé à l'acte dans l'Histoire. Non pas du fait du christianisme – le catéchisme du concile de Trente est sans équivoque : « Ce sont nos crimes qui ont fait subir à NS Jésus-Christ le supplice de la croix » –, mais du fait des chrétiens, de paroles chrétiennes, et d'institutions chrétiennes – et plus encore peut-être de la carence de l'enseignement chrétien à reconnaître la place des juifs dans l'économie du Salut selon les chapitres IX, X, XI de la Lettre de Paul aux romains. Ce qui fait que l'antisémitisme est une tragique apostasie de l'espérance chrétienne.

Une ère nouvelle a commencé entre le christianisme et le judaïsme, religions enlacées, selon l'expression de Pierre Dabosville, car la parole de Dieu leur a été donnée ensemble et elle a commencé à partir de cet examen de conscience.

Le souci chrétien d'Israël

La première manifestation fut le congrès judéo-chrétien qui s'est tenu à Seelisberg en 1947. Jules Isaac avait publié en 1946 un livre commencé en 1943 au cours d'une vie déjà menacée et errante : *Jésus et Israël.* Son idée fondamentale est celle du lien qui unit le christianisme au judaïsme. Il montre, au long de ses plus de six cents pages, comment la calomnie du déicide véhiculée par l'enseignement chrétien, l'interprétation tendancieuse de l'Écriture, et même la liturgie, en opposition au concile de Trente, a engendré le mythe du châtiment et constitué ainsi la source permanente de l'antisémitisme. C'est sur un mémoire de Jules Isaac de redressement de l'enseignement en dix-huit points que se réunirent soixante-dix participants venus de dix-neuf pays. Le congrès, après un travail en commun, adopta en 1947 à Seelisberg en Suisse, sur proposition d'une commission composée exclusivement de chrétiens, les *dix points de Seelisberg* que l'on trouvera en annexe (Annexe II) et qui ont inspiré le contre-courant purificateur de la catéchèse chrétienne.

Un décret de la Sainte Congrégation des Rites du Vatican du 10 juin 1948 incita la pastorale chrétienne à supprimer dans les textes liturgiques la traduction perfide du mot *perfidis*, même s'il avait signifié « incrédule » à son origine, dans la prière pour les juifs récitée le vendredi saint : *oremus pro perfidis judae.* Ce qui fut de droit aboli en mai 1959. Entre-temps, le 23 décembre 1955 – et on voit que les mûrissements sont longs au Vatican –, l'omission liturgique de la génuflexion lors de l'oraison du vendredi saint fut supprimée et la génuflexion rendue obligatoire pour tous ceux pour lesquels l'Église prie ce jour-là. Ce fut le premier craquement, écrit François de Fontette dans sa *Sociologie de l'antisémitisme*[41].

C'est avec le concile Vatican II, à l'initiative inspirée de Jean XXIII et sous l'impulsion du cardinal Béa, que commença l'incitation catholique au dialogue judéo-chrétien. Le 20 novembre 1964 fut votée par 1 651 placets sur 1 996 votants le paragraphe 4 de la déclaration conciliaire *Nostra aetate.* Il s'agit d'une Déclaration sur les relations de l'Église avec les religions non chrétiennes. En raison des réactions violentes des pays arabes, le texte fut modifié et édulcoré en vue de la session finale. Tel qu'il est, il reconnaît le fait juif dans sa réalité sociologique et sa dimension théologique, et, par conséquent, le patrimoine commun au christianisme et au judaïsme, et réprouve, à défaut de condamner, l'enseignement du mépris. Malheureusement, le présent et l'avenir ne sont pas évoqués sur le judaïsme en tant que religion et monothéisme révélés[42].

Rappelons les principaux éléments de ce texte : « ... Encore que des autorités juives, avec leurs partisans, aient poussé à la mort du Christ (voir JN, XIX-6), ce qui a été commis durant sa Passion ne peut être imputé ni indistinctement à tous les juifs vivants alors, ni aux juifs de notre temps. S'il est vrai que l'Église est le nouveau peuple de Dieu, les juifs ne doivent pas pour autant être présentés comme réprouvés par Dieu ni maudits, comme si cela découlait de la Sainte Écriture... En outre l'Église, qui réprouve toutes les persécutions contre tous les hommes, quels qu'ils soient, ne pouvant oublier le patrimoine qu'il a en commun avec les juifs, est poussée, non pas par des motifs politiques, mais par la charité religieuse de l'Évangile, déplore les haines, les persécutions et toutes les manifestations d'antisémitisme qui, quels que soient leur époque et leurs auteurs, ont été dirigées contre les juifs. »

Ces notations s'opposent terme pour terme à l'anti-judaïsme d'un certain nombre de Pères de l'Église. Il demeure que le texte adopté le 20 novembre 1964, conforme à la condamnation de l'antisémitisme par le décret du Saint Office du 25 mai 1928, fut affaibli, par prudence pastorale, lors de la promulgation de la *Déclaration sur la relation de l'Église avec les religions non chrétiennes* le 28 octobre 1965. On le voit à la comparaison des deux versions :

1. Sur la responsabilité des juifs dans la mort du Christ :

Texte de 1964	Texte de 1965
	Quoique les autorités juives avec leurs partisans aient réclamé la mort du Christ, toutefois
ce qui fut perpétré dans la Passion du Christ	ce qui fut perpétré dans sa Passion
ne peut être imputé *aucunement* à tout le *peuple* vivant en ce temps-là *bien moins encore* *au peuple* d'aujourd'hui	ne peut être imputé ni *indistinctement* à tous les *Juifs* vivant en ce temps-là, *ni* *aux Juifs* d'aujourd'hui

Le mot « peuple » est remplacé par « les juifs ». La substitution d'« indistinctement » à « aucunement » et de « ni » à « bien moins encore » affadit le texte.

2. Le passage sur le déicide a été allongé ainsi :

	Bien que l'Église soit *le nouveau peuple de Dieu,*
Que *jamais le peuple* juif ne soit présenté comme *une nation* réprouvée ou maudite ou coupable de déicide	que *les Juifs cependant* ne soient pas présentés comme réprouvés par Dieu ni comme maudits
	comme si cela résultait de l'Écriture.

3. Quant au passage relatif à l'antisémitisme, en voici les éléments comparés essentiels :

Que tous veillent	Que tous veillent
à ne *rien* enseigner	à ne pas enseigner
	quoi que ce soit
qui *puisse engendrer*	qui *ne coïncide pas*
la haine ou le mépris	*avec les vérités évangéliques*
à l'égard des Juifs	*et l'esprit du Christ*
dans le cœur des fidèles	
...	...
Le Concile	*L'Église* (...)
	mue non par des considérations politiques, mais par la charité évangélique
déplore et *condamne*	déplore
les haines et persécutions	les haines, persécutions et
	manifestations d'antisémitisme
contre les Juifs	contre les Juifs.

La disparition du mot « condamne » s'explique mal ; le cardinal Bea tente de la justifier dans son rapport au concile en déclarant : « On condamne les hérésies et non les péchés et les crimes [43]. »

Les enfants d'Abraham

Ainsi, l'Église remontant à sa source a retrouvé Israël, bibliquement désigné en Abraham, toujours à retrouver. La Déclaration *Nostra Aetate* n° 4 commence par ces mots : « Scrutant le mystère de l'Église, cette sainte assemblée fait mémoire des liens qui relient spirituellement le peuple du Nouveau Testament avec la descendance d'Abraham. » Mais on peut regretter, avec le père Dabosville, qu'en insérant ce texte dans une *Déclaration sur les religions non chrétiennes*, le concile ait semblé regarder le judaïsme comme une « religion » parmi d'autres, ou un jalon de l'universalisme chrétien, alors qu'Israël est l'interlocuteur providentiel et permanent. Le peuple chrétien est toujours relié au peuple de la promesse. Ce qui lui faisait écrire : « Redevenue plus mystérieuse à elle-même, plus incertaine de son rapport avec le monde, la conscience chrétienne se penche, attentive et respectueuse, sur ces juifs, hier encore méprisés ou présumés coupables. Elle ne juge plus. Il lui semble qu'autour d'Israël s'épaississent les ténèbres de sa propre histoire. Elle attend, avec lui, comme lui. Cette espérance, dont on disserte depuis trente années sans parvenir à la cerner, il faut en entreprendre un nouveau et bien rude apprentissage : Israël ne sera peut-être pas notre guide mais il pourrait bien être notre exemple, “ enveloppés que nous sommes [avec lui] d'une si grande nuée de témoins ” selon l'expression dont usait pour désigner les martyrs juifs un antique écrit chrétien. »

Pour que les rapports entre juifs et chrétiens progressent, à l'exemple de ce qui s'est accompli, sous l'Occupation, puis dans l' « Amitié judéo-chrétienne de France » et les « Fils d'Abraham », et plus profondément entre judaïsme et christianisme, les deux branches coupées issues du même tronc, il faut d'abord anéantir *le passé de mépris*. Et ce passé s'origine dans l'accusation collective de déicide. Alors le dialogue viendra.

Ces rapports futurs des juifs et des chrétiens, qui sont aussi désormais en diaspora dans un monde désacralisé, dépendront de la manière dont les chrétiens auront reconnu leur responsabilité propre dans un état des esprits qui a rendu possible l'holocauste des frères du Christ. Ce ne fut pas seulement l'enseignement du mépris, qui, descendant des traités de théologie dans les manuels d'enseignement, imprégna les esprits et les cœurs. Il y eut par voie de conséquence, à partir du XIe siècle, un système de restrictions, d'exclusions et d'humiliations qui tendit à l'asservissement des juifs en chrétienté. La théologie et la pastorale en portent une part de responsabilité. Le ghetto, la rouelle, la contrainte à des tâches, telles que l'usure, qui furent précisément à l'origine des accusations portées contre les juifs, en sont les manifestations ordinaires, comme les massacres, à la veille notamment des croisades, et les pogromes, en

Russie en particulier, en seront les expressions extraordinaires.

Même lorsque ces mesures extrêmes sembleront avoir disparu, avant leur réapparition dramatique dans l'Allemagne nazie, terre chrétienne ! le mépris continua d'être implicitement enseigné. L'Europe des Lumières est sur ce point héritière de l'Europe chrétienne. Elle y ajouta la disparition de toute compassion et de toute reconnaissance de filiation.

Comment ne pas relever que le pape Pie XI – celui qui devait prononcer, en recevant des pèlerins belges le 6 septembre 1938, cette parole fameuse : « Spirituellement nous sommes des sémites [44] » – avait écrit dans l'Encyclique, écrite sous la direction du Cardinal Pacelli, le futur Pie XII, où il dénonce le racisme : « *mit brennender sorge* », en 1937 : « Christ qui a reçu son humaine nature d'un peuple qui devait le crucifier[45]. » La phrase est venue sous la plume de celui qui sait plus que tous, et qui l'a dit et écrit par ailleurs, que le peuple juif n'est pour rien dans le procès et la crucifixion de Jésus, arrêté clandestinement, déféré en pleine nuit, dans la précipitation, pour être jugé expéditivement, sans le peuple juif, et malgré lui. On ne confond pas une foule hystérique qui est manœuvrée et bientôt repentante avec un peuple tout entier. Kaïphe et son clan de collaborateurs des Romains ne sont pas le peuple juif. Et la malédiction appelée par cette foule, cri affreux, ne prévaudra jamais contre la promesse qui a été faite à Israël que sa place est gardée à la droite du Fils de Dieu.

Aussi faut-il se souvenir de cette autre parole de Pie XI dans *L'acte de consécration du genre humain au Sacré Cœur* : « Regardez avec miséricorde les enfants de ce peuple qui fut jadis votre préféré. Que sur eux descende, mais aujourd'hui en baptême de vie et de Rédemption, le Sang qu'autrefois il appelait sur lui. » Ce peuple dont le Christ a reçu son humaine nature, ainsi que l'avait écrit Pie XI et en 1910 Charles Péguy, se remémorant le lien qui relie spirituellement le peuple du Nouveau Testament avec la descendance d'Abraham, sa « racine sainte » (Rom. XI-16) : « ... et vous Juifs, peuple de juifs, peuple des juifs. Mon Dieu ! Mon Dieu, que vous avait donc fait ce peuple pour que vous l'ayez ainsi préféré à tous les peuples... Que vous ont-ils donc fait, que vous a-t-il donc fait pour être votre élu ? Pour que vous l'ayez ainsi comblé de cette grâce... Vous avez choisi, vous avez trié, vous avez pris parmi eux d'ascension en ascension, vous avez pris parmi eux la longue lignée, la haute, la montante lignée des prophètes ; et comme une cime le dernier de tous ; le dernier des prophètes, le premier des saints ; Jésus qui fut juif, un Juif parmi vous ; race qui reçûtes de la plus grande grâce... Race élue... C'était un Juif, un simple Juif, un Juif comme vous, un Juif parmi vous. Vous l'avez connu comme on dit d'un homme : je l'ai connu dans le temps... Frères de sa race et de la même lignée. Sur vous-mêmes il versa des larmes uniques. Sur vous-mêmes il pleura sur cette multitude. Vous avez vu la couleur de ses yeux ; vous avez entendu le son de ses paroles. De la même lignée pour éternellement[46]... »

Éternellement. Les juifs sont pour l'éternité les témoins de l'endurcissement de tous les hommes. Témoins dans la chair, puisque l'événement a eu lieu à un moment de l'Histoire et dans un lieu, et spirituellement puisqu'ils représentent l'humanité. Les juifs sont la figure de l'humanité entière. Ils sont présents au jardin des Oliviers, dans le prétoire du préfet, le long du chemin du condamné portant la croix et aidé d'un des leurs, sur le Golgotha, sur le chemin d'Emmaüs aussi, et à Jérusalem, le jour de la Pentecôte. Ils ont vu la couleur de ses yeux et entendu le son de sa voix sans bien comprendre : « Le Père m'aime parce que je donne ma vie, afin de la reprendre. Personne ne me l'ôte, mais je la donne moi-même[47]. » Trois siècles plus tard, l'Église et la Synagogue s'étant séparées, mais demeurant rivales, la rhétorique de la prédication chrétienne tendra à personnifier dans un peuple rebelle à sa parole une responsabilité qui n'avait jamais été évoquée.

Le mot et la qualification de *déicide* n'apparaît nulle part dans le Nouveau Testament. S'il fut dans la tête de certains lecteurs, il n'est pas dans les textes. Maurice Goguel écrit que « prétendre s'appuyer sur les récits évangéliques pour faire peser sur les juifs la responsabilité de la mort de Jésus c'est leur demander une réponse à une question qu'ils ne se sont pas posée et qui n'aurait eu aucun sens pour eux [48]. » C'est en effet confondre une réalité spirituelle, le lien entre le péché et l'endurcissement des hommes et la mort rédemptrice et volontaire de Jésus, et les circonstances historiques et judiciaires de cette mort. C'est donner à la responsabilité de quelques chefs une dimension collective et perpétuelle puisque leur culpabilité devient celle de tous les juifs, ceux de la diaspora comme ceux de la Judée, et celle des contemporains de Kaïphe avec celle de nos contemporains.

Nous ne dirons pas avec Karl Barth que l'événement aurait tout aussi bien pu avoir lieu ailleurs, n'importe où, n'importe quand, partout, toujours puisque la Croix ne pouvait s'élever que dans le peuple de l'élection. Mais ce sont bien tous les hommes endurcis qui sont coupables et sauvés par la Croix du Golgotha. *L'Épître de Barnabé*, qui est pourtant polémique avec le judaïsme, nous montre que les premières générations chrétiennes ne se sont pas trompées sur la signification méta-historique de la Passion. Ce qui a nom épître et qui est en réalité un traité catéchétique, très connu de l'Antiquité, mais qui n'a été retrouvé dans sa version complète et originale qu'en 1859, présente dans les mystères du Christ l'accomplissement des Écritures : « Le Seigneur a accepté de livrer sa chair à la destruction ; aussi nous purifie-t-il, dans le pardon des péchés, c'est-à-dire dans l'espérance de son sang. Ce que l'Écriture dit de Jésus concerne à *la fois Israël et nous-mêmes :*

> *Il a été blessé à cause de notre iniquité*
> *malmené à cause de nos crimes*
> *grâce à ses plaies, nous avons été guéris*[49]. »

C'est la tradition qu'exprime le catéchisme du concile de Trente : « Juifs et gentils furent également les instigateurs, les auteurs et les ministres de sa Passion » (annexe III). Et de l'Église réformée française : « Ce sont nos péchés qui ont causé ta mort. »

Vouloir faire porter la responsabilité *juridique* de la mort de Jésus, la responsabilité juridique étant entièrement celle des Romains, et la dissocier de la responsabilité morale qui est celle de tous les hommes, sous la qualification de déicide, c'est manifester pour un chrétien le secret désir qui est en chacun d'atténuer le scandale de la Croix, tout comme le scandale du Mal, en rejetant la responsabilité sur autrui. Depuis qu'Adam a dit : *c'est la femme* ou *c'est le serpent*, jusqu'à Pilate qui se déclare *innocent du sang de ce juste*, la tentation est éternelle de trouver un bouc émissaire collectif pour soulager sa conscience. C'est une sorte de second péché originel que le déicide, péché originel réservé aux seuls juifs. Ainsi que l'écrit Lovsky : « Le déicide apparaît comme une sorte de non-lieu qui innocente » les gentils. « Qui a mis à mort le Christ ? » demande Jacques Maritain, « Les juifs ? Les Romains ? Moi-même je l'ai mis à mort, je le mets à mort chaque jour par mes péchés ». Cette mort a été volontaire. Ce que dit profondément Catherine de Sienne : « C'est l'amour qui a fixé le Christ sur la croix et non pas les clous. » Le galimatias théologique qui a tenté de justifier le déicide, Ronsard l'exprime dans le VIIIe sonnet pour Hélène de Surgères en disant contradictoirement le Crime et la Rédemption :

> *je n'ayme pas les juifs,* ils *ont mis en croix*
> *ce Christ, ce Messie qui* nos *péchés efface.*

Le déicide est un mythe funeste pour les chrétiens, autant qu'il fut cruel aux juifs, car il obscurcit la Passion. L'agneau de Dieu n'est pas une victime innocente. Il s'immole lui-même. Il s'immole en se taisant devant

Hérode, en se taisant devant Kaïphe et en se taisant devant Pilate. Il n'offre aucune prise. Il ne revendique aucun droit. Il accepte tout. Il gouverne Hérode, Kaïphe et Pilate par son silence. Ce silence est douceur, attente et amour.

« Lui, de condition divine, ne retient pas jalousement le rang qui égala à Dieu. Mais il s'anéantit lui-même, prenant la condition d'esclave », écrit Paul. L'explication tardive du déicide, apostasie de la foi chrétienne, résurgence de l'hérésie docétiste, défiguration de l'Incarnation, et, de surplus, contresens historique, voile l'obéissance de Jésus à son Père, Jésus qui s'est livré librement et volontairement à cette mort.

Le silence de Jésus, signe visible de sa liberté invisible, Jean-Sébastien Bach l'a fait entendre dans la *Passion selon Saint-Jean*, dans l'un des plus beaux silences de la musique. Après qu'eurent été évoqués par le récitant le vase de vinaigre, la branche d'hysope et la soif du Christ, c'est l'ultime parole du Christ : « Tout est accompli. » Deux notes de violoncelle introduisent le silence avant que reprenne la méditation de l'alto.

Deux mille ans nous séparent de cet accomplissement. Deux mille ans l'avaient précédé, le temps qui sépare Abraham de Jésus, dont l'histoire se lit dans un Livre que les uns nomment Thora, et les autres la Bible. Selon ce livre, le temps de la germination du monothéisme de la Genèse à Abraham avait été aussi de deux mille ans. Deux mille ans sont-ils la mesure des tournants de l'histoire de Dieu[50] ? L'Évangile, peut-être improprement appelé Nouveau Testament, comme si la parole de vie, renvoyée à un Ancien Testament, aurait cessé d'être vivante, a été la bonne nouvelle de ce troisième bimillénaire au cours duquel l'espérance chrétienne a porté l'espérance juive à « toutes les nations ».

Le jubilé que le monde chrétien s'apprête à célébrer est-il un nouveau tournant de cette histoire ? La loi d'amour, « Tu aimeras ton prochain comme toi-même », sera-t-elle entendue d'un monde dans lequel l'homme tue encore son frère ?

En ce jour de la Nativité de Jésus où j'achève ce livre, les chemins de la Providence, que nous oublions trop souvent de scruter, m'ont conduit sous le porche de la cathédrale d'Olloron Sainte-Marie. Son tympan montre, sous le regard de sa Mère, le corps du Christ supporté par Joseph d'Arimathie qui le dépose de la Croix tandis que Nicodème enlève un clou de sa main gauche. Je crois que cette représentation, unique sans doute au monde, justifie l'intention de ce livre : le Christ de mon espérance a assumé la condition humaine de Jésus. Il s'est fait homme. Il s'est fait homme « juif et l'est toujours resté[51] ».

Après le mystère de la Nativité et avant que la Passion ne close la courte vie publique de Jésus, il y a trente années qui se sont écoulées comme si elles n'avaient pas été. Tout ce que nous en savons, en dehors de la visite de Jésus à Jérusalem avec ses parents pour la fête de la pâques juive, est ceci : « L'enfant croissait, se fortifiait et se remplissait de sagesse » (Luc II, 4). De ces années obscures Pascal dit tout en une formule : « De trente-trois ans, il en vit trente sans paraître. » Ces trois décennies se sont passées à Nazareth, dans un village sans histoire, situé au milieu des montagnes entourant la Galilée, édifié sur un balcon de collines, plantées d'oliviers, de vignes, de champs de blé et de bougainvilliers. Le peuple hébreu qui l'habitait savait qu'il n'y avait qu'un seul Dieu, Dieu créateur du monde qui dit à son peuple : « Je suis l'Éternel ton Dieu, qui t'a fait sortir du pays d'Égypte, de la terre de servitude. » Après quoi, les habitants de Nazareth répondaient :

« Tu es l'Éternel notre Dieu, qui nous a fait sortir du pays d'Égypte. Amen. »

Amen, ce qui veut dire : « Il en est ainsi. » Comme nous avons perdu cette foi d'évidence, nous disons désormais « Ainsi soit-il ». Jésus fut élevé dans la religion juive. Il a participé au culte juif. Il a récité les prières juives. Après sa circoncision, il a été mené à Jérusalem pour être purifié et consacré au Seigneur comme « tout premier-né mâle », et ses parents ont offert pour lui deux tourterelles. Il se rendait au chabbat à la synagogue. C'est pour l'avoir appris qu'il rappellera aux scribes, lors de sa vie publique, l'esprit et la lettre de la Thora.

Si Jésus fut condamné à mort après un procès bâclé par le préfet Ponce Pilate à l'initiative des grands notables de Jérusalem et des chefs du Temple, il fut déposé, recueilli et enseveli selon les rites juifs par deux juifs pieux, Joseph d'Arimathie et Nicodème, membres du Sanhédrin, qui préfigurent et annoncent ceux qui le reconnaîtront et le suivront jusqu'au martyre pour avoir cru et dit, comme une vérité d'évidence, envers tout et tous, que le Christ « a vaincu la mort ». Ils précèdent ceux qui le reconnaîtront avant tous sur la route d'Emmaüs et qui sont nos ancêtres dans la foi.

ANNEXES

I

La datation de la mort de Jésus

Depuis le IIe siècle, les historiens et les exégètes s'efforcent de fixer l'année, les jours et les heures du procès de la mort de Jésus. Jésus, en effet, est entré dans l'Histoire à un moment déterminé, sous Ponce Pilate. Ce que le concile Vatican II exprime, vingt siècles plus tard : « Et le Verbe s'est fait chair et il est entré dans l'Histoire. »

Les Évangiles ne nous fournissent aucune indication sûre pour répondre à cette triple interrogation. Il faut donc procéder par rapprochements et présomptions. Si les divergences de fixation ont été longtemps importantes pour l'année, de l'an 28 à l'an 33, les chercheurs concluent aujourd'hui majoritairement à l'an 30. C'est cette année qui est tenue pour la plus vraisemblable. Et la date du vendredi 7 avril 30, jour de la mort de Jésus, comme la date la plus probable. Nous allons examiner les raisons de cette datation.

L'année

Rappelons d'abord que le compte à rebours à compter de la naissance de Jésus n'est pas pertinent, la date de sa naissance restant incertaine. Matthieu [1], en concordance avec Luc [2], dont il est admis qu'ils ne se connaissaient pas et ont composé chacun leur évangile sans référence à l'autre, situent la naissance de Jésus « aux jours d'Hérode », c'est-à-dire avant la mort d'Hérode le Grand à Jéricho, à la veille de la pâque de l'an 750 de Rome, soit en mars ou avril de l'an 4 avant Jésus-Christ.

Mais Luc crée la confusion par une seconde indication chronologique : « Il y eut ces jours-là un édit de César Auguste pour recenser le monde entier. » Ce qui avait tout pour déplaire aux Juifs. « Le premier recensement eut lieu pendant que Qurinius était gouverneur de Syrie [3]. » Or, P. Sulpicius Qurinius, si l'on accepte la datation de Flavius Josèphe [4], fut gouverneur de Syrie seulement en l'an 6 de notre ère. Comme l'écrit Charles Perrot : « Le problème reste ouvert [5]. » Tout ce qu'il est possible d'affirmer est que la naissance de Jésus se situe entre l'an 6 avant Jésus-Christ et l'an 3. Ainsi, on ne peut établir l'année de la naissance de Jésus dont nous faisons depuis débuter le calcul du temps en Occident. Le moine Denis le Petit a en effet fixé par erreur l'an 1 de l'ère chrétienne en l'an 754 de Rome ; c'est-à-dire que Jésus serait né avant sa naissance...

A défaut de connaître l'année de sa naissance, on peut tenter un calcul à partir du commencement de sa mission en évaluant la durée de celle-ci. Luc fournit une réponse : « Jésus, qui commençait, avait trente ans [6]. » Plus haut, dans le même chapitre, il précise, avant d'évoquer l'apparition publique de Jean-Baptiste, que le baptême de Jésus est le début de son ministère : « L'an XV du principat de Tibère, Ponce Pilate étant gouverneur de Judée, Hérode Tétrarque de Galilée... » Nous savons qu'Auguste est mort le 19 août 14. L'usage syriaque et juif était de calculer la première année du règne du souverain du jour de son avènement jusqu'au prochain nouvel an. Or, le nouvel an syriaque se célébrait le 1er octobre. La première année du règne de Tibère tombe donc entre le 19 août et le 30 septembre 15 et sa quinzième année du 1er octobre 27 au 30 septembre 28. Compte tenu de la proximité des événements relatés par Luc (la mission baptismale de Jean-Baptiste, son arrestation et sa décapitation), et les premières manifestations de Jésus, la date de ces dernières se situe entre le 1er octobre 27 et le 30 septembre 28.

Jean donne une autre indication ; il situe l'intervention de Jésus au Temple au début de son ministère. Ce qui provoque cette réaction des assistants :

– Voilà quarante-six ans qu'on bâtit ce sanctuaire, et toi, tu le relèves dans trois jours [7] !

Or, nous savons par Flavius Josèphe [8] que la restauration du Temple a été décidée par Hérode le Grand en l'an 20 ou 19 avant notre ère. Quarante-six ans plus tard, nous sommes donc en 27 ou 28 de notre ère. L'action publique de Jésus s'est donc déployée à partir de l'an 27 ou 28, pendant deux ou trois ans, deux au moins selon Jean, car on y dénombre trois Pâques [9] sans qu'on puisse prouver trois ans. Tout concourt à considérer l'an 30 (28 + 2 = 30) comme l'année de la mort de Jésus. Surtout si l'on retient qu'il est mort le vendredi 14 du mois de nisan (mars-avril). Selon le calendrier astronomique, deux dates correspondent à un 14 du mois de nisan : en l'an 30 ou en l'an 33.

Les jours

Tous les Évangiles s'accordent à fixer la mort de Jésus le vendredi, la veille du sabbat [10]. Ce vendredi tomba-t-il le 14 ou le 15 nisan, c'est-à-dire la veille ou le jour de Pâques ? Indiquons que la pâque juive durait sept jours, du 15 au 21 nisan, et que l'on comptait les jours à partir de la première étoile du 14.

D'après les synoptiques, la Cène a eu lieu le jeudi soir et s'identifie avec le souper de la Pâque. « Le premier jour des azymes, où on immolait la pâque [l'agneau pascal]. » Il y a concordance chez les synoptiques [11]. Ce que confirme l'identification habituelle de Jésus avec l'agneau pascal. Mais Jean situe ce vendredi à la veille de la pâque, c'est-à-dire au 14 nisan, et il dissocie la Cène d'avec la pâque juive [12].

Legasse donne la préférence à la doctrine des synoptiques. Joseph Blinzler opte pour Jean ; il lui est difficile de croire que les événements du vendredi saint, en particulier le procès, aient eu lieu au premier jour de la fête de Pâques [13], alors que l'exécution peut avoir lieu un jour de fête, surtout quand elle est exécutée par des soldats romains. Ce choix se recommande de Paul qui désigne Jésus ressuscité comme « le premier de ceux qui moururent », c'est-à-dire le premier des agneaux sacrifiés sur le parvis du Temple. C'est d'ailleurs la datation de l'Évangile de Pierre : « Hérode le livra à Pilate avant le premier jour des azymes, leur fête. » C'est aussi la tradition juive : « La veille de Pâques on a pendu Jésus [14]. » C'est également le choix de Perrot.

Ajoutons que toute une tradition chrétienne, dont on trouve les traces chez Irénée, Appolinaire d'Hiérapolis, Justin, Épiphane de Chypre, la Didaché, c'est-à-dire le premier catéchisme, la Didascalie fixe la Cène au mardi soir, disjoignant comme Jean, mais avec une autre fixation, la pâque juive, et l'institution par Jésus de l'Eucharistie, la veille de la pâque officielle des juifs.

La Didaché, l'un des textes chrétiens les plus anciens, de la fin du Ier siècle sans doute, ordonne de ne pas jeûner en même temps que les hypocrites, mais au contraire le mercredi et le vendredi. Cette tradition est toujours en vigueur chez les orthodoxes. Un texte de la fin du IIe siècle, la Didascalie, le confirme : « Vous jeûnerez pour les juifs, le mercredi... car c'est le mercredi... qu'il m'arrêtèrent. La nuit qui suit le mardi appartient au mercredi, comme il est écrit : il fut soir et il fut matin, un jour ; le soir appartient donc au jour suivant. Le mardi soir j'ai mangé ma Pâque avec vous, et, dans la nuit, ils me prirent. Et le vendredi, jeûné pour eux, parce que, en ce jour, ils m'ont crucifié. »

Une thèse importante [15], fondée sur la découverte des manuscrits de la mer Morte, fait état d'un calendrier liturgique de la communauté essénienne qui pourrait être celui admis par l'entourage de Jésus et qui est distinct du calendrier lunaire, calendrier officiel. La pâque tomberait alors effectivement un mercredi, ce qui permettrait de soulever les discordances chronologiques entre les synoptiques (la Cène, « le jour où l'on sacrifiait la pâque ») et Jean (« mort de Jésus la veille de Pâques »).

Et cette datation rend plus explicable l'arrestation, la comparution, le jugement et l'exécution que la tradition qui s'est formée au début du IVe siècle réunissait en une demi-nuit, du jeudi au vendredi, et une matinée du vendredi. Le déroulement chronologique de tous ces événements apparaît plus raisonnable et plus vraisemblable si l'arrestation de Jésus a eu lieu dans la nuit du mardi au mercredi. Jean Imbert [16], reprenant les travaux de A. Jaubert, reconstitue ainsi la chronologie :

– Jésus est arrêté dans la soirée du mardi, aussitôt après la prière de Gethsémani : Matthieu 26, 47, 56 ; Marc 14, 35, 52 (« Et aussitôt, comme il parlait encore, survient Judas... ») ; Luc 22, 47, 53 (« comme il parlait encore, voici une bande... ») ; Jean 18, 1, 11 (« Judas... arrive là, emmenant la cohorte et les gardes fournis par les grands prêtres et les pharisiens... »).

– Il est envoyé chez Kaïphe, dans la même nuit Jean 18, 24 (« Anne l'envoya alors, ligoté, au grand prêtre Kaïphe »).

– Il est présenté au Sanhédrin dans la matinée du mercredi pour la première phase du procès : Matthieu 26, 59 (« Cependant, les grands prêtres et le Sanhédrin tout entier cherchaient un faux témoignage contre Jésus ») ; Marc 14, 53. (« Ils emmenèrent Jésus chez le grand prêtre, et tous les prêtres, les anciens et les scribes se rassemblent ») ; Luc 22, 66 (« Et lorsqu'il fit jour, le conseil des anciens du peuple se réunit, grands prêtres et scribes »).

Il est jugé digne de mort pendant la matinée du jeudi, puis est déféré au gouverneur romain : Matthieu 27, 1-2 (« Or, le matin venu, tous les grands prêtres et anciens du peuple tinrent conseil contre Jésus, pour le faire mourir. Puis, l'ayant ligoté, ils l'emmenèrent et le remirent au gouverneur Pilate ») ; Marc 15, 1 (« Et aussitôt, avec le jour, les grands prêtres ayant préparé un conseil avec les anciens et les scribes – tout le Sanhédrin – et ligoté Jésus, l'emmenèrent et le remirent à Pilate ») ; Jean 18, 28 (« On emmène alors Jésus chez Kaïphe au prétoire. C'était le matin »).

– Il est interrogé une première fois par le gouverneur romain : Matthieu 27, 11-14 ; Marc 15, 2-5 ; Luc 23, 2-5 ; Jean 18, 29-38.

– Envoyé à Hérode, il est renvoyé par ce dernier à Pilate : Luc 23, 6-12.

– Revenu au tribunal du gouverneur romain, le vendredi

matin, il est interrogé puis condamné à mort : Matthieu 27, 15-26 ; Marc 15, 6-15 ; Luc 23, 13-25 ; Jean 18, 38-19, 16.

– Il est aussitôt conduit au lieu de la crucifixion.

Mais cette chronologie demeure hypothétique, c'est pourquoi nous avons suivi dans notre récit la chronologie traditionnelle des évangiles synoptiques.

Les heures

Selon Marc : « C'était la troisième heure quand ils le crucifièrent [17] », soit 9 heures du matin. Il est toujours en vie, selon Marc, à la sixième heure et à la neuvième heure, soit à midi et à quinze heures. Ce qui est également indiqué par Matthieu et Luc pour les deux dernières indications horaires [18]. Mais les indications de temps données par Jean sont incompatibles avec celui des synoptiques. Jean fait comparaître en effet Jésus devant Pilate à « La sixième heure environ [19] », c'est-à-dire vers midi. Aucune des solutions proposées pour harmoniser ces horaires n'est tout à fait satisfaisante ; on peut préférer Jean, qui connaît les Évangiles qui le précèdent et qui a reçu des informations traditionnelles et complémentaires. Notons d'ailleurs que la première indication horaire donnée par Marc, la troisième heure, n'est pas reprise par Matthieu et Luc. Comme s'ils ne l'avaient pas lue dans le manuscrit de Marc en l'état où il l'aurait connue, ou comme s'ils l'avaient trouvée contraire à leurs propres informations. La tradition chrétienne, et notamment Origène, fixe à la sixième heure, soit à midi, la mise en croix.

Il apparaît donc historiquement vraisemblable de retenir que la crucifixion a eu lieu à la sixième heure, c'est-à-dire à midi, le vendredi 7 avril 30, la veille de la pâque juive, que la mort est intervenue vers 3 heures, dans un délai rapide qui a étonné Pilate, et que l'ensevelissement a pu être pratiqué après le coucher du soleil, c'est-à-dire vers 18 heures.

II

Extraits de l'Évangile de Marc

L'ARRESTATION
(14, 43-52)

Et aussitôt, comme il parlait encore, arrive Judas, l'un des Douze, et avec lui une troupe avec des épées et des bâtons, de la part des grands prêtres et des scribes et des anciens. Or celui qui le livrait leur avait donné un signe convenu, disant : « Celui que je baiserai, c'est lui ; arrêtez-le et emmenez-le sous bonne garde. » Et aussitôt arrivé, s'avançant vers lui, il dit : « Rabbi », et il lui donne un baiser.

Mais eux mirent les mains sur lui et l'arrêtèrent. Or l'un de ceux qui se tenaient là, ayant dégainé son épée, frappa le serviteur du grand prêtre et lui arracha l'oreille.

Et prenant la parole, Jésus leur dit : « Comme contre un brigand vous êtes sortis avec épées et bâtons me saisir ! Chaque jour j'étais près de vous dans le Temple à enseigner, et vous ne m'avez pas arrêté. Mais [c'est] pour que s'accomplissent les Écritures. »

Et, l'abandonnant, ils s'enfuirent tous. Et un jeune homme le suivait, n'ayant sur lui qu'un drap, et ils l'arrêtèrent. Mais lui, laissant le drap, s'enfuit nu.

Jésus devant le Sanhédrin
(14, 53-65)

Et ils emmenèrent Jésus chez le grand prêtre, et tous les grands prêtres et les anciens et les scribes se rassemblent.

Et Pierre, de loin, le suivit jusqu'à l'intérieur du palais du grand prêtre, et il était assis avec les valets et se chauffait à la flambée.

Or, les grands prêtres et tout le Sanhédrin cherchaient un témoignage contre Jésus pour le faire mourir, et ils n'en trouvaient pas ; car beaucoup témoignaient faussement contre lui et leurs témoignages n'étaient pas d'accord. Et certains, se levant, témoignaient faussement contre lui, disant : « Nous l'avons entendu dire : Je détruirai ce Temple fait de main d'homme et en trois jours j'en rebâtirai un autre non fait de main d'homme. » Mais même ainsi leur témoignage n'était pas d'accord.

Et s'étant levé, au milieu, le grand prêtre interrogea Jésus disant : « Tu ne réponds rien ? Qu'attestent ceux-ci contre toi ? » Mais lui se taisait et ne répondait rien. De nouveau le grand prêtre l'interrogeait et lui dit : « Es-tu le Christ, le Fils du Béni ? » Jésus dit : « Je le suis, et vous verrez le Fils de l'homme siégeant à la droite de la Puissance et venant avec les nuées du ciel. *»*

Mais le grand prêtre, déchirant ses tuniques, dit : « Qu'avons-nous encore besoin de témoins ? Vous avez entendu le blasphème ! Que vous en paraît-il ? » Mais eux tous décrétèrent qu'il méritait la mort.

Et certains commencèrent à cracher sur lui et à voiler son visage et à le souffleter et à lui dire : « Prophétise ! » Et les valets lui donnèrent des gifles.

Pierre renie son maître
(14, 66-72)

Et, Pierre étant en bas, dans le palais, vient une des servantes du grand prêtre ; et ayant vu Pierre qui se chauffait, l'ayant regardé, elle dit : « Toi aussi tu étais avec le Nazarénien, Jésus. » Mais il nia, disant : « Je ne connais ni ne comprends ce que tu dis. » Et il sortit dehors vers le porche et un coq chanta.

Et la servante, l'ayant vu, commença à dire de nouveau à ceux qui se tenaient-là « Celui-ci est [un] d'entre eux. » Mais de nouveau il niait.

Et un peu après, de nouveau, ceux qui se tenaient là disaient à Pierre : « Vraiment, tu es d'entre eux et en effet tu es galiléen. » Mais il commença à proférer des imprécations et à jurer : « Je ne connais pas cet homme que vous dites. » Et aussitôt pour la seconde fois un coq chanta.

Et Pierre se souvint de la parole comme lui avait dit Jésus : « Avant qu'un coq chante deux fois, trois fois tu m'auras renié. » Et il éclata en pleurs.

Jésus devant Pilate
(15, 1-15)

Et aussitôt, le matin, ayant tenu conseil, les grands prêtres avec les anciens et les scribes et tout le Sanhédrin, ayant ligoté Jésus, l'emmenèrent et le livrèrent à Pilate.

Et Pilate l'interrogea : « Tu es le roi des Juifs ? » Mais lui, lui répondant, dit : « Tu [le] dis. » Et les grands prêtres l'accusaient beaucoup. Pilate de nouveau l'interrogeait : « Tu ne réponds rien ? Vois tout ce dont ils t'accusent ! » Mais Jésus ne répondit plus rien, si bien que Pilate était étonné.

Or, à chaque fête il leur relâchait un prisonnier, celui qu'ils réclamaient. Or le nommé Barabbas était emprisonné avec les émeutiers qui avaient commis un meurtre dans la sédition. Et la foule, étant montée, commença à demander selon [ce qu'il] faisait pour eux.

Pilate leur répondit, disant : « Voulez-vous que je vous relâche le roi des Juifs ? » Il savait en effet que [c'était] par jalousie [que] les grands prêtres l'avaient livré. Or les grands prêtres excitèrent la foule pour qu'il leur relâche plutôt Barabbas. Pilate, de nouveau, répondant, leur disait : « Que ferai-je donc [ou : Que voulez-vous donc que je fasse] de celui que vous appelez le roi des Juifs ? »

Mais eux là-dessus crièrent : « Crucifie-le ! » Pilate leur disait : « Qu'a-t-il donc fait de mal ? » Mais eux, plus fort que jamais, crièrent : « Crucifie-le ! »

Pilate, voulant contenter la foule, leur relâcha Barabbas et livra Jésus, l'ayant fait flageller, pour qu'il fût crucifié.

Dérision des soldats
(15, 16-20a)

Or les soldats l'emmenaient à l'intérieur du palais, qui est le prétoire, et ils appellent toute la cohorte. Et ils le revêtent de pourpre et ils lui mettent, l'ayant tressée, une couronne épineuse. Et ils commencèrent à le saluer : « Salut, roi des Juifs ! » Et ils le frappaient à la tête avec un roseau et ils crachaient sur lui et, fléchissant les genoux, ils lui rendaient hommage.

Et quand ils se furent joués de lui, ils lui ôtèrent le [manteau de] pourpre et lui remirent ses vêtements.

La mort de Jésus
(15, 20b-41)

Et ils le conduisirent dehors afin de le crucifier. Et ils requirent un [homme] qui passait, Simon de Cyrène, le père d'Alexandre et de Rufus, qui venait des champs, pour qu'il prît la croix.

Et ils l'amènent au lieu [dit] Golgotha, ce qui se traduit lieu du Crâne. Et ils lui donnaient du vin [mêlé] de myrrhe, mais il n'[en] prit pas. Et ils le crucifient et ils partagent ses vêtements *en les* tirant au sort : *qui prendrait quoi ? C'était la troisième heure, et ils le crucifièrent. Et il y avait l'inscription du motif [de] sa [condamnation] [ainsi] inscrite : « Le roi des Juifs. » Et avec lui ils crucifient deux brigands, l'un à [sa] droite et l'autre à sa gauche [...].*

Et les passants blasphémaient [sur] lui hochant leur tête *et disant : « Hé ? [toi] qui détruis le Temple et le rebâtis en trois jours, sauve-toi toi-même, descendant de la croix. » Pareillement les grands prêtres, se jouant entre eux avec les scribes, disaient : « Il [en] a sauvé d'autres ; lui-même il ne peut [se] sauver. Que le Christ, le roi d'Israël, descende maintenant de la croix pour que nous voyions et croyions ! » Aussi ceux qui étaient crucifiés avec lui l'outrageaient.*

Et, quand il fut la sixième heure, l'obscurité se fit sur le pays tout entier jusqu'à la neuvième heure. Et à la neuvième heure, Jésus clama en un grand cri : « Elôi, Elôi, lema sabakhtani ? *» Ce qui se traduit : « Mon Dieu, mon Dieu, pourquoi m'as-tu abandonné ? » Et certains de ceux qui se tenaient là en l'entendant : « Voilà qu'il appelle Élie ! » Quelqu'un ayant couru, ayant rempli une éponge de vinaigre, l'ayant fixé à un roseau, lui* donnait à boire, *disant : « Laissez ! Voyons si Élie vient le descendre. » Mais Jésus, ayant jeté un grand cri, expira. Et le rideau du Temple se déchira en deux du haut en bas. Mais le centurion qui se tenait en face de lui, ayant vu qu'il avait ainsi expiré, dit : « Vraiment cet homme était [le] Fils de Dieu. »*

Mais il y avait aussi des femmes regardant à distance, parmi lesquelles Marie de Magdala, et Marie de Jacques le Petit et la mère de Yosé, et Salomé.

La sépulture
(15, 42-47)

Et le soir étant déjà arrivé, puisque c'était la Préparation – ce qui est la veille du sabbat –,

étant venu, Joseph d'Arimathie, notable conseiller, qui lui aussi attendait le Règne de Dieu, s'étant enhardi, entra chez Pilate et réclama le corps de Jésus.

Pilate s'étonna qu'il fût déjà mort et, ayant appelé le centurion, il lui demanda s'il était déjà mort. Et, informé par le centurion, il octroya le cadavre à Joseph.

Et ayant acheté un linceul, l'ayant descendu, il [l'] enveloppa dans le linceul et le déposa dans une tombe qui avait été taillée dans le roc et il roula une pierre contre l'entrée du tombeau.

Or Marie et Magdala et Marie de Yosé regardaient où il avait été déposé.

Le tombeau vide
(16, 1,9)

Quand le sabbat fut passé, Marie de Magdala, Marie, mère de Jacques, et Salomé achetèrent des aromates pour aller oindre le corps. Et de grand matin, le premier jour de la semaine, elles vont à la tombe, le soleil s'étant levé.

Elles se disaient entre elles : « Qui nous roulera la pierre hors de la porte du tombeau ? » Et ayant levé les yeux, elles virent que la pierre avait été roulée de côté : or elle était fort grande. Étant entrées dans le tombeau, elles virent un jeune homme assis à droite, vêtu d'une robe blanche, et elles furent saisies de stupeur. Mais il leur dit : « Ne vous effrayez pas. C'est Jésus le Nazarénien que vous cherchez, le Crucifié : il est ressuscité, il n'est pas ici : Voici le lieu où on l'avait mis. Mais allez dire à ses disciples et à Pierre qu'il vous précède en Galilée : c'est là que vous le verrez, comme il vous l'a dit. » Elles sortirent et s'enfuirent du tombeau, parce qu'elles étaient toutes tremblantes et hors d'elles-mêmes. Et elles ne dirent rien à personne, car elles avaient peur...

Apparition de Jésus ressuscité
(16, 9, 20)

Ressuscité le matin, le premier jour de la semaine, il apparut d'abord à Marie de Magdala dont il avait chassé sept démons. Celle-ci alla le rapporter à ceux qui avaient été ses compagnons et qui étaient dans le deuil et les larmes. Et ceux-là, l'entendant dire qu'il vivait et qu'elle l'avait vu, ne la crurent pas.

Après cela, il se manifesta sous d'autres traits à deux d'entre eux qui étaient en chemin et s'en allaient à la campagne. Et ceux-là revinrent l'annoncer aux autres, mais on ne les crut pas non plus.

Enfin, il se manifesta aux Onze eux-mêmes pendant qu'ils étaient à table, et il leur reprocha leur incrédulité et leur obstination à ne pas ajouter foi à ceux qui l'avaient vu ressuscité. Et il leur dit : « Allez dans le monde entier, proclamez l'Évangile à toute la création. Celui qui croira et sera baptisé, sera sauvé ; celui qui ne croira pas, sera condamné. Et voici les signes qui accompagneront ceux qui auront cru : en mon nom ils chasseront les démons, ils parleront en langues nouvelles, ils saisiront des serpents, et s'ils boivent quelque poison mortel, il ne leur fera pas de mal ; ils imposeront les mains aux infirmes et ceux-ci seront guéris. »

Or le Seigneur Jésus, après leur avoir parlé, fut enlevé au ciel et il s'assit à la droite de Dieu. Pour eux, ils s'en allèrent prêcher en tout lieu, le Seigneur agissant avec eux et confirmant la Parole par les signes qui l'accompagnaient.

III

Catéchisme du concile de Trente (1563)

La première partie de cet article nous propose de croire que Notre-Seigneur Jésus-Christ a été crucifié dans le temps où Ponce Pilate gouvernait la Judée, au nom de l'empereur Tibère. En effet, il fut arrêté, accablé de railleries et d'injures, tourmenté de diverses manières, et enfin attaché à une croix...

Quant au soin particulier avec lequel on a voulu rappeler que Jésus-Christ souffrit dans le temps où Ponce Pilate gouvernait la Judée, réduit en province romaine, le pasteur ne manquera pas d'en donner la raison ; c'est que la connaissance d'un événement si considérable, et en même temps si nécessaire pour l'humanité, devenait beaucoup plus facile pour tous, en précisant l'époque certaine de son accomplissement (I Tim., 6-13). De plus, il faut voir dans ces paroles l'accomplissement de cette prophétie du Sauveur disant de lui-même : « Ils le livreront aux gentils pour être outragé, flagellé, crucifié » (Mt. 20-19).

Les Saint Pères ont longuement développé un bon nombre de raisons que nous pourrions reproduire pour faire comprendre toutes les convenances de ce genre de mort, plutôt que de toute autre. Mais le pasteur avertira les fidèles qu'il leur suffit de croire que Jésus-Christ a choisi la croix pour y mourir, parce qu'il la trouvait la plus convenable et la mieux appropriée à la rédemption du genre humain. En effet, il n'y avait rien de plus honteux ni de plus humiliant. Et ce n'étaient pas seulement les païens qui regardaient ce supplice comme abominable, et plein de honte et d'infamie ; la loi de Moïse elle-même prononçait l' « anathème contre celui qui est pendu au bois » (Deut. 21-23 – Gal. 3-13).

Le pasteur n'oubliera pas non plus de raconter l'histoire des souffrances de Jésus-Christ, si soigneusement décrites par les évangélistes. Tout au moins, il fera connaître aux fidèles les points principaux de ce mystère, c'est-à-dire ceux qui semblent plus nécessaires pour confirmer la vérité de notre foi. C'est sur cet article en effet que la foi et la religion chrétienne reposent comme sur leur base. Si l'on a soin de bien l'établir, tout le reste se soutient parfaitement. Car si l'esprit humain trouve ailleurs des difficultés, c'est, sans contredit, dans le mystère de la Rédemption qu'il en rencontre le plus. Nous avons peine à concevoir que notre salut dépende de la Croix et de celui qui s'y laissa clouer pour notre amour. Mais c'est en cela même, selon l'enseignement de l'apôtre, qu'il faut admirer la souveraine providence de Dieu...

... Or « il convenait que le Fils de Dieu mourût afin que par sa mort, Il détruisît celui qui avait l'empire de la mort, c'est-à-dire le démon, et qu'Il délivrât ceux que la crainte de la mort tenait pendant toute la vie dans un état de servitude » (Heb. 2-14).

Mais ce qu'il y a d'extraordinaire dans la mort de Jésus-Christ, c'est qu'il mourut précisément en maître de la mort, au moment même où il avait décrété de mourir et, de plus, que sa mort fut l'effet de sa volonté et non de la violence de ses ennemis.

Il faut ensuite exposer les causes de la Passion, afin de rendre plus frappantes encore la grandeur et la force de l'amour de Dieu pour nous. Or, si on veut chercher le motif qui portera le Fils de Dieu à subir une si douloureuse Passion, on trouvera que ce furent, outre la faute héréditaire de nos premiers parents, les péchés et les crimes que les hommes ont commis depuis le commencement du monde jusqu'à ce jour, et ceux qu'ils commettront encore jusqu'à la consommation des siècles. En effet, le Fils de Dieu, notre sauveur, eut pour but dans sa Passion et dans sa mort de racheter et d'effacer les péchés de tous les temps, et d'offrir à son Père pour ces péchés une satisfaction abondante et complète.

Il convient d'ajouter, pour donner plus de prix à son sacrifice, que non seulement ce divin Rédempteur voulut souffrir pour les pécheurs, mais que les pécheurs eux-mêmes furent les auteurs et comme les instruments de toutes les peines qu'il endura. C'est la remarque de l'apôtre saint Paul dans son Épître aux Hébreux : « Pensez, dit-il, en vous-mêmes à Celui qui a souffert une si grande contradiction de la part des pécheurs élevés contre Lui, afin que vous ne vous découragiez point, et que vous ne tombiez dans l'abattement » (Héb. 12-3).

Nous devons donc regarder comme coupables de cette horrible faute ceux qui continuent de retomber dans leurs péchés. Puisque ce sont nos crimes qui ont fait subir à Notre-Seigneur Jésus-Christ le supplice de la croix, à coup sûr ceux qui se plongent dans les désordres et dans le mal « crucifient de nouveau dans leur cœur, autant qu'il est en eux, le Fils de Dieu par leurs péchés, et Le couvrent de confusion » (Héb. 6-6). Et, il faut le reconnaître, notre crime à nous dans ce cas est plus grand que celui des juifs. Car eux, au témoignage de l'apôtre, « s'ils avaient connu le roi de gloire, ils ne L'auraient jamais crucifié. Nous, au contraire, nous faisons profession de Le connaître » (I Cor. 2-8). Et lorsque nous le renions par nos actes, nous portons en quelque sorte sur lui nos mains déicides.

Enfin, la Sainte Écriture nous enseigne que Notre-Seigneur Jésus-Christ a été livré à la mort par son père et par lui-même. Le prophète Isaïe fait dire à Dieu le Père : « Je L'ai frappé à cause du crime de mon peuple » (Is. 53-89). Et, quelques lignes plus haut, le même prophète plein de l'Esprit de Dieu, voyant dans l'avenir le Sauveur couvert de plaies et de blessures, s'écriait : « Nous nous sommes tous égarés comme des brebis. Chacun de nous a suivi sa voie, et le Seigneur a mis sur Lui les iniquités de nous tous » (Is. 53-6). Puis, en parlant de Dieu le Fils, il dit : « s'Il sacrifie sa vie pour le péché, Il verra une longue prospérité » (Is. 53-16). Et l'apôtre saint Paul confirme cette vérité par des paroles encore plus décisives, tout en voulant nous montrer d'ailleurs ce que nous avons à espérer de la miséricorde et de la bonté infinie de Dieu : « Celui, dit-il, qui n'a pas épargné son propre Fils, mais qui L'a livré pour nous tous, comment, avec Lui, ne nous aurait-il pas aussi donné toutes choses » (Rom. 6-32) ?

Ce n'est pas tout. Des hommes de tout rang et de toute condition « conspirèrent contre le Seigneur et contre son Christ » (Ps. 2-2). Juifs et gentils furent également les instigateurs, les auteurs et les ministres de sa Passion (Mt. 26-27). Judas le trahit. Pierre le renia. Tous ses autres disciples l'abandonnèrent...

Le pasteur montrera que tous ces avantages, tous ces divins bienfaits nous viennent de la Passion de Notre-Seigneur. En premier lieu parce que sa mort fut une satisfaction pleine et entière qui lui fournit le moyen admirable de payer à Dieu son Père toute la dette de nos péchés. Et ce prix qu'il paya pour nous, non seulement égale notre obligation, mais lui est infiniment supérieur. En deuxième lieu, parce que le sacrifice de la croix fut infiniment agréable à Dieu. A peine Jésus-Christ l'eut-il offert que la colère et l'indignation de son Père furent entièrement apaisées. Aussi l'apôtre a-t-il soin de nous faire remarquer que la mort du Sauveur fut un vrai sacrifice : « Jésus-Christ nous a aimés, dit-il, et Il s'est livré Lui-même pour nous en s'offrant à Dieu comme une victime et une oblation d'agréable odeur » (Éph. 5-2). En troisième lieu, enfin, parce que la Passion fut pour nous cette Rédemption dont parle le prince des apôtres, quand il dit : « Ce n'est ni par l'or ni par l'argent corruptibles que vous avez été rachetés de la vanité de votre vie, que vous avez héritée de vos pères, mais sur le sang précieux de l'agneau saint et immaculé. Notre-Seigneur Jésus-Christ »

(I Petr. I-18-19). Et saint Paul dit à son tour : « Jésus-Christ nous a rachetés de la malédiction de la Loi, en devenant malédiction pour nous » (Gal. 3-13).

Voilà ce que nous avions à dire ici sur la Passion et la mort si salutaires de Notre-Seigneur Jésus-Christ.

IV

Les dix points de Seelisberg (1947)

Nous venons d'assister à une explosion d'antisémitisme qui a conduit à la persécution et à l'extermination de missions de juifs vivant au milieu des chrétiens.

Malgré la catastrophe qui s'est abattue sur les persécutés et sur les persécuteurs, catastrophe qui nous fait mesurer l'angoissante gravité et l'urgence du problème juif, l'antisémitisme n'a non seulement rien perdu de sa force, mais menace d'atteindre des parties de plus en plus étendues de l'humanité, d'empoisonner l'âme des chrétiens et de les entraîner dans une faute grave aux conséquences désastreuses.

Sans doute les Églises chrétiennes ont-elles souvent affirmé le caractère antichrétien de l'antisémitisme, mais nous constatons avec consternation que deux mille ans de la prédication de l'Évangile de l'amour ne suffisent pas à empêcher l'éclosion parmi les chrétiens, sous des formes diverses, de la haine et du mépris à l'égard du peuple de Jésus.

Cela serait impossible si tous les chrétiens étaient fidèles au message de Jésus-Christ sur la miséricorde de Dieu et l'amour du prochain. Mais cette fidélité doit comporter la volonté clairvoyante d'éviter toute présentation ou toute conception du message chrétien qui favoriserait l'antisémitisme sous quelque forme que ce soit. Nous devons reconnaître que, malheureusement, cette volonté en éveil a souvent manqué.

Nous nous adressons donc aux Églises pour attirer leur attention sur cette situation alarmante. Nous avons le ferme espoir qu'elles auront à cœur d'indiquer à leurs fidèles comment exclure toute animosité à l'égard des juifs que pourraient faire naître des présentations et des conceptions fausses, inexactes ou équivoques dans l'enseignement et la prédication de la doctrine chrétienne, et comment, tout au contraire, promouvoir l'amour fraternel à l'égard du peuple de l'Ancienne Alliance, si durement éprouvé. Rien, semble-t-il, ne saurait être plus propre à conduire à cet heureux résultat que d'insister davantage sur les points suivants :

1. Rappeler que c'est le même Dieu vivant qui nous parle à tous dans l'Ancien comme dans le Nouveau Testament.

2. Rappeler que Jésus est né d'une mère juive de la race de David et du peuple d'Israël, et que son amour éternel et son pardon embrassent son propre peuple et le monde entier.

3. Rappeler que les premiers disciples, les apôtres et les premiers martyrs étaient juifs.

4. Rappeler que le précepte fondamental du christianisme, celui de l'amour de Dieu et du prochain, promulgué déjà dans l'Ancien Testament et confirmé par Jésus, oblige chrétiens et juifs dans toutes les relations humaines sans aucune exception.

5. Éviter de rabaisser le judaïsme biblique ou post-biblique dans le but d'exalter le christianisme.

6. Éviter d'user du mot « juifs » au sens exclusif d' « ennemis de Jésus » ou de la locution « ennemis de Jésus » pour désigner le peuple juif tout entier.

7. Éviter de présenter la Passion de telle manière que l'odieux de la mise à mort de Jésus retombe sur tous les juifs ou sur les juifs seuls. En effet, ce ne sont pas tous les juifs qui ont réclamé la mort de Jésus. Ce ne sont pas les juifs seuls qui en sont responsables, car la Croix qui nous sauve tous révèle que c'est à cause de nos péchés que le Christ est mort.

(Rappeler à tous les parents et éducateurs la grave responsabilité qu'ils encourent du fait de présenter l'Évangile et surtout le récit de la Passion d'une manière simpliste. En effet, ils risquent par là d'inspirer, qu'ils le veuillent ou non, de l'aversion dans la conscience ou le subconscient de leurs enfants ou auditeurs. Psychologiquement parlant, chez des âmes simples, mues par un amour ardent et une vive compassion pour le Sauveur crucifié, l'horreur qu'ils éprouvent tout naturellement envers les persécuteurs de Jésus tournera facilement en une haine généralisée des juifs de tous les temps, y compris ceux d'aujourd'hui.)

8. Éviter de rapporter les malédictions scripturaires et le cri d'une foule excitée : « Que son sang retombe sur nous et sur nos enfants », sans rappeler que ce cri ne saurait prévaloir contre la prière infiniment plus puissante de Jésus : « Père, pardonnez-leur, car ils ne savent pas ce qu'ils font. »

9. Éviter d'accréditer l'opinion impie que le peuple juif est réprouvé, maudit, réservé pour une destinée de souffrances.

10. Éviter de parler des juifs comme s'ils n'avaient pas été les premiers à être de l'Église.

En pratique, nous nous permettons de suggérer :

– d'introduire ou de développer, dans l'enseignement, scolaire et extra-scolaire à tous les degrés, une étude plus objective et plus approfondie de l'histoire biblique et post-biblique du peuple juif ainsi que du problème juif ;

– de promouvoir, en particulier, la diffusion de ces connaissances par des publications adaptées aux différents milieux chrétiens ;

– de veiller à rectifier dans les publications chrétiennes, surtout dans les manuels d'enseignement, tout ce qui s'opposerait aux principes énoncés plus haut.

Nous plaçons notre effort commun sous le signe de la parole de saint Paul (Romains, II, 28-29) : « Ils sont bien-aimés à cause de leurs pères, car les dons et l'appel de Dieu sont sans repentance. »

V

Le procès de Jésus dans le catéchisme de l'Église catholique

Divisions des autorités juives à l'égard de Jésus

Parmi les autorités religieuses de Jérusalem, non seulement il s'est trouvé le Pharisien Nicodème [1] ou le notable Joseph d'Arimathie pour être en secret disciples de Jésus [2], mais il s'est produit pendant longtemps des dissensions au sujet de Celui-ci [3] au point qu'à la veille même de sa passion, S. Jean peut dire d'eux qu'« un bon nombre crut en Lui », quoique d'une manière très imparfaite (Jn 12, 42). Cela n'a rien d'étonnant si l'on tient compte qu'au lendemain de la Pentecôte « une multitude de prêtres obéissait à la foi » (Ac 6, 7) et que « certains du parti des Pharisiens étaient devenus croyants » (Ac 15, 5), au point que S. Jacques peut dire à S. Paul que « plusieurs milliers de Juifs ont embrassé la foi et ce sont tous d'ardents partisans de la Loi » (Ac 21, 20).

Les autorités religieuses de Jérusalem n'ont pas été unanimes dans la conduite à tenir vis-à-vis de Jésus [4]. Les Pharisiens ont menacé d'excommunication ceux qui Le suivraient [5]. A ceux qui craignaient que « tous croient en Jésus et que les Romains viennent détruire notre Lieu Saint et notre nation » (Jn 11, 48), le grand prêtre Caïphe proposa en prophétisant : « Il est de votre intérêt qu'un seul homme meure pour le peuple et que la nation ne périsse pas tout entière » (Jn 11, 49-50). Le Sanhédrin, ayant déclaré Jésus « passible de mort » (Mt 26, 66) en tant que blasphémateur, mais ayant perdu le droit de mise à mort [6], livre Jésus aux Romains en l'accusant de révolte politique [7] ce qui mettra celui-ci en parallèle avec Barabbas accusé de « sédition » (Lc 23, 19). Ce sont aussi des menaces politiques que les grands prêtres exercent sur Pilate pour qu'il condamne Jésus à mort [8].

Les Juifs ne sont pas collectivement responsables de la mort de Jésus

En tenant compte de la complexité historique du procès de Jésus manifestée par les récits évangéliques, et quel que puisse être le péché personnel des acteurs du procès (Judas, le Sanhédrin, Pilate) que seul Dieu connaît, on ne peut en attribuer la responsabilité à l'ensemble des Juifs de Jérusalem, malgré les cris d'une foule manipulée [9] et les reproches globaux contenus dans les appels à la conversion après la Pentecôte [10]. Jésus lui-même en pardonnant sur la Croix [11] et Pierre à sa suite ont fait droit à « l'ignorance » (Ac 3, 17) des Juifs de Jérusalem et même de leurs chefs. Encore moins peut-on, à partir du cri du peuple : « Que son sang soit sur nous et sur nos enfants » (Mt 27, 25) qui signifie une formule de ratification [12], étendre la responsabilité aux autres Juifs dans l'espace et dans le temps :

> Aussi bien l'Église a-t-elle déclaré au Concile Vatican II : « Ce qui a été commis durant la passion ne peut être imputé ni indistinctement à tous les Juifs vivant alors, ni aux Juifs de notre temps (...). Les Juifs ne doivent pas être présentés comme réprouvés par Dieu, ni maudits comme si cela découlait de la Sainte Écriture [13]. »

Tous les pécheurs furent les auteurs de la Passion du Christ

L'Église, dans le Magistère de sa foi et dans le témoignage de ses saints, n'a jamais oublié que « les pécheurs eux-mêmes furent les auteurs et comme les instruments de toutes les peines qu'endura le divin Rédempteur [14] ». Tenant compte du fait que nos péchés atteignent le Christ Lui-même [15], l'Église n'hésite pas à imputer aux chrétiens la responsabilité la plus grave dans le supplice de Jésus, responsabilité dont ils ont trop souvent accablé uniquement les Juifs :

> Nous devons regarder comme coupables de cette horrible faute, ceux qui continuent à retomber dans leurs péchés. Puisque ce sont nos crimes qui ont fait subir à Notre Seigneur Jésus-Christ le supplice de la Croix, à coup sûr ceux qui se plongent dans les désordres et dans le mal « crucifient de nouveau dans leur cœur, autant qu'Il est en eux, le Fils de Dieu par leurs péchés et Le couvrent de confusion » (He 6, 6). Et il faut le reconnaître, notre crime à nous dans ce cas est plus

grand que celui des Juifs. Car eux, au témoignage de l'apôtre, « s'ils avaient connu le Roi de gloire, ils ne l'auraient jamais crucifié » (1 Co 2, 8). Nous, au contraire, nous faisons profession de Le connaître. Et lorsque nous Le renions par nos actes, nous portons en quelque sorte sur Lui nos mains meurtrières [16].

Et les démons, ce ne sont pas eux qui L'ont crucifié ; c'est toi qui avec eux L'as crucifié et Le crucifies encore, en te délectant dans les vices et les péchés [17].

Notes

Avant-propos

« Sur la route d'Emmaüs »

1. Luc XXVI, 13-35. François Mauriac, *Vie de Jésus.*
2. Joseph Blinzler, *De Process Jésus.* Jean Imbert, *Le Procès de Jésus,* PUF, « Que sais-je ? », 1984. Peter Winter, *On the Trial of Jesus,* 1974. Simon Legasse, *Le Procès de Jésus,* t. I, Cerf, Le Seuil.
3. *Vie de Jésus,* 1936, Flammarion.
4. *Catéchisme de l'Église catholique,* Mame/Plon, p. 51-52.

Les sources

1. Tertullien : « Pilate, déjà chrétien de cœur, rendit compte à César, qui était alors Tibère, de tout ce qui concerne le Christ », Apologie XXI-24.
2. Eusèbe, Histoire ecclésiastique, IX-6.
3. Jean Imbert, *Le Procès de Jésus, op. cit.,* p. 7.
4. Joseph Blinzler, *Le Procès de Jésus, op. cit.,* p. 39 & ss.
5. Simon Legasse, *Le Procès de Jésus, op. cit.,* p. 18.
6. Flavius Joseph, Antiquités juives, 58-63-64.
7. Tacite, Annales XV-44, *Œuvres,* Gallimard, « La Pléiade », trad. Pierre Grimal p. 775-776.
8. Cité par Joseph Blinzler, *op. cit.,* p. 45.
9. Paul I, Tim. VI-13.
10. Actes des Apôtres XXV-19.
11. Xavier Léon-Dufour, *Les Évangiles et l'histoire de Jésus,* Seuil, 1964.
12. Pierre Grelot, *L'Espérance juive à l'heure de Jésus,* Desclée 1978,

Évangiles et traditions apostoliques, Cerf, 1995 ; *Les Origines des Évangiles*, Cerf, 1986.

13. Charles Perrot, *Jésus et l'Histoire*, 1979 ; rééd. Mame-Desclée, 1995.
14. Simon Legasse, *op. cit.*, p. 20.
15. Actes des Apôtres, II-1-41.
16. Michel Quesnel, *L'Histoire des Évangiles*, Cerf, 1987, p. 38.
17. Paul I Corinthiens XI-23-25.
18. Paul I Corinthiens XV-3.
19. Luc V-1-11 – Jean XXI-1-14.
20. Matthieu XVIII-12-14 – Luc XV-1-7.
21. *Op. cit.*, p. 47.
22. Actes des Apôtres XII-12.
23. Michel Quesnel, *Comment lire un Évangile saint Marc*, Seuil, 1984.
24. In Eusèbe de Césarée, *Histoire ecclésiastique* III-39-15-16, traduction Rousseau, collection « Sources chrétiennes », Cerf.
25. Irénée, Contre les hérésies III-1-1, traduction Rousseau, collection « Sources chrétiennes », Cerf.
26. Michel Quesnel, *L'Histoire des Évangiles*, *op. cit.*, p. 64 & ss.
27. *Le Christ hébreu*, 1983, O.E.I.L. Réédition Poche Albin Michel, 1992.
28. *La Naissance des Évangiles synoptiques*, O.E.I.L.
29. *Re-dater le Nouveau Testament*, Éditions Lethileux, 1987.
30. Charles Perrot, *Jésus et l'Histoire*, *op. cit.*, p. 28.
31. Marc XVI-16.
32. Luc I-1-4.
33. Jean XXI-25.
34. Charles Perrot, *Jésus et l'Histoire*, *op. cit.*, chapitre : « Jésus et la question historique », p. 19 & ss.
35. Pierre Grelot, *Le Nouveau Testament, Évangiles et Histoire*, t. VI, Desclés, n° 3, p. 114 & ss.
36. Paul I-Corinthiens XV-1-8.
37. Paul VI – allocution à la commission biblique pontificale, Documentation catholique 7 avril 1974, p. 325-327.
38. Pierre Grelot, *Évangiles et Histoire*, *op. cit.*, p. 97.
39. Jean XXVII-2-3.

Chapitre 1

L'ARRESTATION

1. Marc XIV, 18 – Jean XIII, 21.
2. Marc XIV, 32.
3. Jean XVIII, 1.

4. Luc XXII, 39.
5. Jean XVIII, 1.
6. Matthieu XXVI, 26.
7. Jean XV, 1-5.
8. Jean XV, 12-13.
9. Marc VIII, 3 – IX, 31 – X, 33.
10. Marc III, 22.
11. Matthieu XXI, 23-27.
12. Matthieu XXII, 15-22 – Luc XV, 20-26.
13. Matthieu XXII, 34.
14. Matthieu XXII, 41-46.
15. Marc III, 6.
16. Marc XIV, 1.
17. Matthieu XXIII, 1-39.
18. Marc XIV, 32.
19. Luc XXII, 41.
20. Luc XXII, 19-20.
21. Exode XII, 21 & ss.
22. Jean XIII, 33-35 – XIV, 27.
23. L'hématidrose, coloration rouge de la sueur ; cette teinte est due à la présence de l'hémoglobine, sans les globules. Voir Jean-Paul Roux, *Jésus*, Fayard, p. 367.
24. Marc XIV, 36.
25. Matthieu XXVI, 41.
26. Matthieu XXVI, 46.
27. Marc XIV, 10-43.
28. Matthieu XXVI, 15.
29. Marc XIV, 44.
30. Matthieu XXVI, 48.
31. Luc XXII, 47.
32. Luc XXII, 48.
33. Matthieu XXVII, 3 & ss.
34. Actes des Apôtres I, 25.
35. Marc XIV, 47.
36. Matthieu XXVI, 51.
37. Jean XVIII, 10.
38. Matthieu XXVI, 52.
39. Marc XIV, 49 – Luc XXII, 53.
40. Matthieu XXVI, 56.
41. Marc XIV, 51-52.
42. Simon Legasse, *Le Procès de Jésus*, t. I, *op. cit.*, p. 46.
43. Génèse II, 25.
44. Marc XIV, 43.
45. Jean XVIII, 3.
46. Xavier Léon-Dufour, *Dictionnaire du Nouveau Testament*, introduction VI. A.a. p. 52-53 et p. 483.

47. Jean XVIII, 3-12.
48. Matthieu XXVII, 27.
49. Actes des Apôtres XXI, 31.
50. Joseph Blinzler, *Le Procès de Jésus, op. cit.*, p. 81 & ss.
51. Marc XIV, 42. – Matthieu XXVII, 19.
52. Jean XVIII, 13-14.
53. Jean XVIII, 12.
54. J. Blinzler, *Le Procès de Jésus, op. cit.*, p. 85.
55. In *Foi et Culture dans l'Église d'aujourd'hui*, Mame, p. 454.
56. Grégoire IX en 1236 cité par Pie XII.
57. Sermon pour la Fête de la Visitation.
58. Marc XII, 29.
59. 2 janvier 1910, publié dans *Le Vieux de la Montagne*, p. 303, cité par Jules Isaac, in *Jésus et Israël.*

Chapitre 2

Pourquoi Jésus fut-il arrêté ?

1. Marc II-23-27.
2. Marc III-6.
3. Jean XI-46 & ss.
4. Marc VII-1-16.
5. Marc IX-32.
6. Marc X-31.
7. Marc X-33-34.
8. Marc XI-8-10.
9. Legasse, *Le Procès de Jésus, op. cit.*, p. 50.
10. Pierre Grelot, *L'Espérance juive à l'heure de Jésus, op. cit.*
11. In *Écrits intertestamentaires*, Bibliothèque de la Pléiade, 1992.
12. Jean VI-14-15.
13. Matthieu XII-23.
14. Marc XXI-1.
15. Luc XIX-38.
16. Actes des Apôtres I-6.
17. Luc XIV-19-20.
18. Matthieu V-21-27-33-38-43.
19. Marc XI-15.
20. Jean II-15.
21. Jean Zumstein, *Le Procès de Jésus*, in *Miettes exégétiques*, Labor et Fides, p. 345.
22. Matthieu XVI-61 ; Actes des Apôtres VI-13-14 ; Jean II-9.
23. Matthieu XXIII.
24. Marc XIV.
25. Jean XI-57.

26. Jean XII-36.
27. Jean XIII-2, Marc XI-19.
28. Luc XXI-37.
29. Marc XIV-11.

Chapitre 3

Jésus devant le Sanhédrin

1. Marc XIV-53; Matthieu XXVI-57; Luc XXII-54.
2. Blinzler, *Le Procès de Jésus*, *op. cit.*, p. 118 & ss.
3. Jean XVIII, XIX & s.
4. Flavius Josèphe, *Antiquités juives* XIV-9-4 § 172.
5. Jean XVIII-15-18-25-27.
6. Marc XIV-66-72.
7. Matthieu XXVI-69-75.
8. Luc XXII-54-62.
9. Simon Legasse, *Le Procès de Jésus*, *op. cit.*, t. II, p. 73 & 214.
10. Marc XIV-31.
11. Olivier Clément, *Le Chant des larmes*, Éd. Brouwers, 1982.
12. Matthieu XXVI-75.
13. Marc XIV-53.
14. Jean VII-49.
15. Jean XIX-38-39.
16. Matthieu XXVI-59.
17. Deutéronome XVII-10; XIX-15; Nombres XXV-30; Flavius Josèphe, *Antiquités juives* IV-8-15 § 218.
18. Jean VIII-17; voir aussi Paul, II Épîtres aux Corinthiens XIII-1.
19. Marc XIV-56-58.
20. Lévitique XXIV-16.
21. Jérémie XXVI-1-19.
22. Marc XV-29-30.
23. Legasse, *Le Procès de Jésus*, *op. cit.*, t. I, p. 70-71.
24. Marc XIV-61-62.
25. Luc XXII-67 & ss.
26. Jean X-33.
27. Matthieu XXVIII-40-3.
28. Marc XIV-64.
29. Matthieu XXVI-66.
30. Luc XXII-7.
31. Marc XV-1.

Chapitre 4

Jésus a-t-il été condamné par le Sanhédrin ?

1. Jean XVIII-31.
2. Legasse, *Le Procès de Jésus*, *op. cit.*, t. I, p. 85.
3. Matthieu XXVI-65-66.
4. Matthieu XXVII-1.
5. Note 52 in Joseph Blinzler, *Le Procès de Jésus*, *op. cit.*, p. 213.
6. *Ibid.*, p. 203.
7. Jean VIII-7.
8. Actes des Apôtres VII-8.
9. J. Moltmann, *Le Dieu crucifié*, Cerf, p. 158.
10. Digeste 48-19-38-2.

Chapitre 5

Pilate, préfet

1. Hyppolite de Rome. La tradition apostolique § 21, cité par J.P. Lémonon, *Pilate et le gouvernement de la Judée*, note p. 15.
2. Flavius Josèphe, *La Guerre des juifs*, Éditions de Minuit, II-9-2, p. 244.
3. Philon, *Legacio ad caium* 299.
4. Tacite, *Annales* XV-42.
5. *La Guerre des juifs* II-8-1, p. 237 ; et *Antiquités juives* XVIII-2 ; Tacite, *Annales* XII-60.
6. Lémonon, *Pilate et le gouvernement de la Judée*, *op. cit.*, p. 78.
7. *Ibid.*, p. 81 & ss.
8. *Antiquités juives* XX-197-203.
9. Note 6 c, p. 1582.
10. Jean XVIII-28 a-28 b-33.
11. Marc XV-16.
12. *La Guerre des juifs* V-8 § 145.
13. A. Vanel, *Prétoire*, Supplément au dictionnaire de la Bible, Fasc. 44, 1969, p. 514 & ss.
14. P. Benoit, *Revue biblique*, Prétoire, p. 550-555, 1952.
15. Philon, *Legacio ad caium* 38 § 299-39 § 306.
16. Marc XV-16.
17. Marc XIV-68.
18. Marc X-16.
19. Matthieu XXVII-21.
20. *La Guerre des juifs* II-15 § 315-II-176 § 429.

21. A.N. Sherwin-White, *The Trial of Christ*, Theological Collection 1965, p. 100.
22. Jean XIX-13.
23. Luc XIII-12.
24. *La Guerre des juifs* II-169-174, p. 244; *Antiquités juives* XVIII-55-59.
25. Philon, *Legacio ad caium* 299-302.
26. *La Guerre des juifs* II-175-177, p. 244-245; *Antiquités juives* XVIII-60-61.
27. Flavius Josèphe, *Antiquités juives* XVIII-85-87.
28. *Évangiles apocryphes*, présentés par France Quéré, Le Seuil, 1983, p. 128.
29. *Op. cit.*, p. 144.

Chapitre 6

Le procès romain

1. Ciceron, *De Legibus* III-8.
2. Tacite, *Annales* I-44-6, 9, 2. In *Œuvres*, La Pléiade, p. 40; Blinzler, *Le Procès de Jésus*, *op. cit.*, note 28, p. 349; Jean Collin, *Les Villes libres de l'Orient gréco-romain et l'envoi au supplice par acclamation populaire*, chap. 1; Foulon Piganiol, *Le Rôle du peuple dans le procès de Jésus*, Nouvelle Revue théologique 1976, p. 627-637.
3. Goguel, *Jésus*, 1950, p. 432.
4. Jean XVIII-28-31.
5. Blinzler, *Le Procès de Jésus*, *op. cit.*, p. 263.
6. Acte des Apôtres XVIII, 12-6.
7. Luc XXIII-2.
8. Luc XXIII-3, Marc XV-2; Matthieu XVII-11; Jean XVIII-33.
9. Luc XXIV-21 « nous espérions que ce serait lui qui rachèterait Israël » dit Cléopas sur le chemin d'Emmaüs. Voir Arthur Nissim, *Histoire de Jésus*, Seuil, 1968, chap. 4, « L'attente d'Israël », p. 96 & ss.
10. Pierre Grelot, *L'Espérance juive à l'heure de Jésus*, *op. cit.*, p. 179 & ss.
11. Jean XIV-6.
12. Jean VIII-23.
13. Luc XXIII-5.
14. E.J. Bickerman, « Utilitas crucis », *Revue de l'histoire des religions*, 1935, p. 169-241.
15. Marc VI-17-30.
16. Marc VI-16.
17. Luc XIII-31-33.

18. Actes des Apôtres IV-25-28; Pierre I-1-2-5 in *Évangiles apocryphes, op. cit.*, p. 119; Ignace d'Antioche in *Les Pères apostoliques*, Le Seuil 1980, p. 145.
19. Luc XXIII-13-15.
20. Marc XV-10.
21. Matthieu XXVII-16.
22. Marc XV-7.
23. Luc XXIII-19.
24. Jean XVIII-40.
25. Luc XXIII-22.
26. *La Guerre des juifs* II-306, *op. cit.*, p. 359; V-449, p. 459; VII-200-202.
27. Jean XIX-5.
28. Jean XXIII-36 & ss.; Marc XV-16-20.
29. Digeste 48-4-1-3-4.
30. Marc XV-14.
31. Marc XV-6-8.
32. Jean XIX-8.
33. Jean XIX-12.
34. Jean XIX-13-16.
35. Jean Potin, *Jésus, l'histoire vraie*, Bayard Éditions/Centurion, 1994, p. 470.

Chapitre 7

Pilate condamne Jésus à mort

1. Jean XIX-10.
2. Plaute, *Satyricon* 137.
3. Luc XXIII-25.
4. Matthieu XXVII-26.
5. *Les Évangiles et l'Histoire, op. cit.*, p. 337-338.
6. Matthieu XXVII-19.
7. Matthieu XXVII-24.
8. Actes des Apôtres III-I.17.
9. Tacite, *Annales* I8-40, *op. cit.*, p. 399; II-54-55, *op. cit.*, p. 459; III-33 & ss; p. 496 & ss.
10. *Évangiles apocryphes, op. cit.*, p. 131, Matthieu XXVII-24-25.
11. Deutéronome XXI-8-9; Lévitique XX-9-10; Samuel III-28-29; XVI-7-8; Josué II-9; I Rois II-31.
12. Luc XXIII-34-35-36.
13. Cathéchisme du concile de Trente I-5 § 1.
14. Matthieu XXVII-31, Marc XV-16-20.
15. Matthieu XV-20; Matthieu XXVII-31.

Chapitre 8

La crucifixion

1. *Corpus Christianorum*, Série latine, t. 75-593-4, cité par Legasse, *Le Procès de Jésus*, t. I, p. 130.
2. Plaute, *Miles gloriosus* 358-359.
3. Marc XV-21.
4. Luc XXIII-27-28.
5. Carnobiaria Fragments 4; Mostellaria 56-57.
6. Matthieu XXVII-34.
7. Marc XV-23.
8. Prov. XXX-T.-6.
9. *Blinzler*, *Le Procès de Jésus*, *op. cit.*, p. 408; Legasse, *Le Procès de Jésus*, *op. cit.*, p. 137.
10. Cicéron, in Verrem II-5-64-165.
11. Paul, Épîtres aux Galates III-13.
12. Hérodote, Histoire I-128-2; III-125-2, 132-2, 159-1; IV-43-2-7; VI-30-1; VII-195-1 & ss.
13. Diodore de Sicile, *Bibliothèque liturgique* II-18-1-44-2; V-32-6; Tacite, *Annales* XIV-32-2; Tite Live XXII-13-9; XXVIII-37-2.
14. Cité par Hengel, *La Crucifixion*, Cerf, 1981, note 19.
15. Flavius Josèphe, *La Guerre des juifs* V-549 & ss., *op. cit.*, p. 459.
16. *Annales* XV-44-4, *op. cit.*, p. 776.
17. In Verrem II-5-168-169.
18. Pro C. Rabirio V-16.
19 Hengel, *La Crucifixion*, chap. 12, p. 109 & ss.
20. Justin, *Dialogue avec Tryphon* VIII-3, X-2-3, XLL-1 et Apologie I-13-4.
21. Legasse, *Le Procès de Jésus*, *op. cit.*, p. 141 & ss.
22. Luc XXIV-39-40.
23. Marc XV-36.
24. Jean XIX-29.
25. Jean XX-25-27.
26. Marc XV-39.
27. Luc XXII-32-33.
28. Marc XV-27; Matthieu XXVIII-38.
29. *La Guerre des juifs* II-228 & ss., p. 281.
30. Suétone, *Vie de Caligula* 32; Dion Casius 54-3-7-73-1-5-32; Eusèbe, *Histoire ecclésiastique* V-1-44.
31. Blinzler, *Le Procès de Jésus*, *op. cit.*, p. 409.
32. Jean XIX-19.
33. Matthieu XXVII-37.

34. Marc XV-26.
35. Luc XXIII-38.
36. Jean XIX-19.
37. Jean XIX-21.

Chapitre 9

La mort de Jésus

1. Marc Hengel, « L'origine de l'interprétation rédemptrice de la mort de Jésus », in *La Crucifixion, op. cit.*, p. 156 & ss.
2. Premier Épître de saint Jean IV-10.
3. Marc XV-31-32.
4. Luc XXIII-37.
5. Luc XXIII-49.
6. Jean XIX-25.
7. Luc XXIII-39-43.
8. Marc XV-34-43-46.
9. Jean XIX-26-27-28-30.
10. J. Möltmann, *Le Dieu crucifié, op. cit.*, p. 171.
11. Marc XV-38.
12. Matthieu XXVII-51-53.
13. Luc XXIII-44.
14. Amos VIII-9 et surtout Ézéchiel XXXVII-12-13.
15. Voir P. Benoît, *Exégèse et théologie*; et Vittorio Missori : *Il a souffert sous Ponce Pilate*, F.X. de Guibert 1995, p. 351 & ss.
16. Marc X-45; Legasse, *Le Procès de Jésus, op. cit.*, t. II, p. 126.
17. Marc XV-39; Matthieu XXVII-45-54.
18. Joseph Blinzler, *Le Procès de Jésus, op. cit.*, p. 416.
19. Jean XIX-31-37.
20. Exode XII-40; Nombres IX-12.
21. Jean Imbert, *Le Procès de Jésus, op. cit.*, p. 110-111.
22. Marc XV-43.
23. Scholm Ben Schorin, *op. cit.*, p. 210.
24. Méliton de Sarde, *Sur la pâque,* Collection Sources chrétiennes, Cerf, 1966, p. 194 & ss., cité par Marc Hengel, *op. cit.*, p. 34.

Chapitre 10

La mise au tombeau

1. Tacite, *Annales* VI-29, *op. cit.*, p. 595 ; Eusèbe, *Histoire ecclésiastique* V-1-61.

2. Deutéronome XXI-22 & ss.
3. Joseph, *Antiquités juives* IV-8-6 § 202; XXIV § 264 & 265.
4. Marc XV-43 & ss.
5. Simon Legasse, *Le Procès de Jésus, op. cit.*, t. I, p. 156.
6. Marc XV-43.
7. Luc XXIII-50.
8. Matthieu XXVII-57.
9. Jean XIX-30.
10. Luc XXIII-53; Jean XIX-41.
11. Jean XIX-39.
12. Jean III-1-4-9.
13. Jean VII-50-51.
14. Marc XV-46; Jean XIV-40.
15. Jean XIX-40; XX-5.
16. Blinzler, *Le Procès de Jésus, op. cit.* n° 50, p. 449.
17. Jean XIX-39-40.
18. Luc XXIII-56.
19. Marc XVI-1.
20. Jean XII-3 & ss.
21. Marc XIV-46.
22. Marc XVI-4.
23. Jean XIX-41-42.
24. VI-24, *op. cit.*, *Évangiles apocryphes*, p. 121.
25. *Évangiles apocryphes, op. cit.*, XII-50-52-54, p. 123.
26. Matthieu XXVII-61.
27. Luc XII-55-56.
28. Joseph, *Antiquités juives* : « Le témoignage des femmes ne doit avoir aucune valeur à cause de leur légèreté et l'effronterie de ce sexe », IV-8-15 § 219.
29. Matthieu XXVII-61-62.

Chapitre 11

Le tombeau vide

1. Marc XVI-3.
2. Luc XXIV-4.
3. Marc XVI-5.
4. Marc XVI-6.
5. Luc XXIV-11.
6. Luc XXIV-11.
7. Luc XXIV-12-25.
8. Jean XX-3-8.
9. Paul I, Corinthiens XV-1-11.
10. I. Co XV-3-5.

11. Marc XVI-9-18.
12. Matthieu XXVIII-9-17.
13. Jean XX-14-18.
14. Jean XX-19-30.
15. Luc XXIV-42.
16. Jean XX-16-17.
17. Actes des Apôtres I-3.
18. Matthieu XXVIII-13.
19. Jean-Pierre Roux, *Jésus, op. cit.*, p. 425.
20. Paul, I Corinthiens XV-14.

Le peuple déicide

1. Actes des Apôtres II-32-III-15.
2. Actes des Apôtres IV-1-23.
3. Actes des Apôtres V-30.
4. Actes des Apôtres XXI-20.
5. Actes des Apôtres II-46.
6. Actes des Apôtres II-46.
7. Actes des Apôtres XI-26.
8. Actes des Apôtres XV-1 & ss.
9. Galates II-1 & ss.
10. Jean Daniélou, « La crise du judéo-christianisme », in *Nouvelle Histoire de l'Église*, Seuil, 1963, p. 60.
11. Actes des Apôtres XV-28.
12. Jean Daniélou, « La crise du judéo-christianimse », *op. cit.*, p. 63 & ss.
13. Paul, I Corinthiens XVI-9.
14. Galates V-1-6-11.
15. Actes des Apôtres XX-22, XXI-21.
16. Jean Daniélou, « La crise du judéo-christianisme », *op. cit.*, p. 68.
17. II Timothée IV-16.
18. *Histoire ecclésiastique* II-23-I-25 ; Flavius Josèphe, *Antiquités Juives*, 197-203.
19. *Histoire ecclésiastique* II-3-5-3-11.
20. Jean Daniélou, « La crise du judéo-christianisme », *op. cit.*, p. 69.
21. Éditions E. de Boccard, 1983, p. 12.
22. Dominique Cerbelaud, *Écoute Israël*, Cerf, 1995, p. 77.
23. *Genèse de l'antisémitisme*, rééd. Presses Pocket, 1985, p. 142.
24. In *Évangiles apocryphes, op. cit.*, p. 119.
25. Dialogues avec Triphon XVIII-1, CXXXVI-2.
26. Justin Dialogue avec Triphon XXIX-2.

27. François de Fontette, *Histoire de l'antisémitisme*, PUF, Que sais-je ?, 1993, p. 9 & ss. ; M. Simon, *Verus Israël, op. cit.*, p. 230-240.
28. *Annales* XV-44 ; *Histoires* V-5.
29. I, Timothée II-15.
30. Actes des Apôtres VII-51-53.
31. Jean IV-32 *Salus ex Judaeis est.*
32. Pierre Dabosville, *Foi et culture dans l'Église d'aujourd'hui, op. cit.*, p. 415.
33. Lettre aux romains IX-3-4-5.
34. In Christi Ressur. orat[5] (Patristique grecque 8-46-685) cité par Marcel Simon dans *Verus Israël, op. cit.*, p. 255-256.
35. Homélies I (P. 6-48-847).
36. *Jésus et Israël, op. cit.*, p.357.
37. Patrologie latine, t. XLVIII-847-848-861.
38. Contre Celse II-34.
39. Vie de Constantin III-17.
40. *Genèse de l'antisémitisme, op. cit.*, p. 15-16.
41. PUF, Que sais-je ?, p. 82.
42. Pierre Dabosville, *Foi et culture dans l'Église d'aujourd'hui, op. cit.*, p. 492.
43. René Laurentin, *L'Église, les juifs à Vatican II*, Tournay, 1967.
44. Cité in *L'Encyclique cachée de Pie XI*, par G. Pesselecq et B. Suclecky, préface d'Émile Poulat, La Découverte, 1995, p. 180-181.
45. *Op. cit.*, p. 153.
46. « Le Mystère de la charité de Jeanne d'Arc », 6e Cahier de la 11e série, janvier 1910 ; Charles Péguy, *Œuvres Poétiques*, La Pléiade.
47. Jean X-17-18.
48. *Foi et vie*, « Le Procès de Jésus », septembre 1949, p. 397.
49. Isaïe 53-54, in *Les Pères apostoliques, op. cit.*, p. 191-192.
50. Robert Aron, *Les Années obscures de Jésus*, Grasset, 1966.
51. Note pour une correcte présentation des juifs et du judaïsme dans la prédication et la catéchèse de l'Église catholique, chap. III, § 12, publiées à Rome le 23 juin 1985 par la Commission du Saint-Siège pour les relations avec le judaïsme. Voir aussi l'annexe V : *Le Procès de Jésus dans le catéchisme de l'Église catholique* (Mame)

Annexe I

La datation de la mort de Jésus

1. Matthieu II-1-19.
2. Luc I-5.

3. Luc II-1-2.
4. *Antiquités juives* XVIII § 124.
5. Perrot, *Jésus et l'Histoire, op. cit.*, p. 76.
6. Luc III-23.
7. Jean II-20.
8. *Antiquités juives* XV § 380.
9. Jean II-13-6-4-11-55.
10. Marc XIV-12-16.
11. Marc XVI-12-16 ; Matthieu XXVI-17-19 ; Luc XXII-7-15.
12. Jean XXIII-28-19-31.
13. Legasse, *Le Procès de Jésus, op. cit.*, p. 115 & ss. ; et Blinzler, *Le Procès de Jésus, op. cit.*, p. 103 & ss.
14. Talmud Babylone Sanhédrin 43-A note IV ; Charles Perrot, *Jésus et l'Histoire, op. cit.*, p. 72.
15. A. Jaubert, « La date de la Cène ».
16. Imbert, *Le Procès de Jésus, op. cit.*, p. 53-54.
17. Marc XXXIII-34.
18. Matthieu XVII-45.
19. Jean XIX-14.

Annexe V

Le procès de Jésus dans le catéchisme de l'Église catholique

1. Jean 7, 50.
2. Jean 19, 38-39.
3. Jean 9, 16-17 ; 10, 19-21.
4. Jean 9, 16 ; 10, 19.
5. Jean 9, 22.
6. Jean 18, 31.
7. Luc 23, 2.
8. Jean 19, 12-15-21.
9. Marc 15, 11.
10. Actes des Apôtres 2, 23-36,; 3, 13-14 ; 4, 10 ; 5, 30 ; 7, 52 ; 10, 39 ; 13, 27-28 ; 1 Th 2, 14-15.
11. Luc 23, 34.
12. Actes des Apôtres 5, 28 ; 18, 6.
13. NA 4.
14. Catech. R. 1, 5, 11 ; He 12, 3.
15. Matthieu 25, 45 ; Actes des Apôtres 9, 4-5.
16. Catech. R. 1, 5, 11.
17. Saint François d'Assise, admon. 5, 3.

Bibliographie

La Bible de Jérusalem, traduit en français sous la direction de l'École biblique de Jérusalem, Les Éditions du Cerf.

Le Nouveau Testament, textes traduits, présentés et annotés par Jean Grosjean et Michel Leturmy, Bibliographie de la Pléiade.

ARON Robert, *Les Années obscures de Jésus*, Grasset, 1960.

–, *Ainsi priait Jésus enfant*, Grasset, 1968.

BARREAU Jean-Claude, *Bibliographie de Jésus*, Plon Pocket, 1994.

BLINZLER Joseph, *Der Process Jesus*, Regensburg, 1969 ; trad. Mame, *Le Procès de Jésus*, 1962.

BRO Bernard, *Peut-on éviter Jésus-Christ ?*, Ed. de Fallois. Éd. Saint-Augustin, 1995.

–, *La Beauté sauvera le monde*, Cerf, 1995.

BULTMANN Rudolf, *Jésus*, 1926, Rééd. Seuil, 1968.

CERBELAUD Dominique, *Écoute Israël*, Cerf, 1995.

CHELINI Jean et Blandine, *Histoire de l'Église*, Centurion, 1993.

COHN Haïm, « Reflexions On The Trial and Death of Jesus », in *The Israël Law Review Association*, 1967, p. 332-379.

COLLIN J., *Les Villes libres de l'Orient gréco-romain et l'envoi au supplice par acclamations populaires*, Bruxelles, 1965.

COUSIN H., *Le Prophète assassiné*, Paris, 1976.

CULLMAN Oscar, *Dieu et César*, Delachaux et Miettle.

DABOSVILLE Pierre, *Foi et culture dans l'Église d'aujourd'hui*, Fayard/Mame, 1979.

DANIÉLOU Jean, *Les Origines du christianisme latin*, Cerf, 1978.

–, *Théologie du judéo-christianisme*, Cerf/Desclée, rééd. 1991.

–, *L'Église des Apôtres*, Seuil.

DUQUESNE Jacques, *Jésus*, Desclée, Flammarion, rééd. J'ai Lu, 1996.

FLAVIUS JOSÈPHE, *La Guerre des Juifs*, Trad. Pierre Savinel, Préface de Pierre Vidal-Naquet, Les Éditions de Minuit, 1992.

GOGUEL Maurice, *Le Procès de Jésus. Foi et Vie*, 1949, p. 395-403.

GRELOT Pierre, *L'Origine des Évangiles*, Cerf, 1986.

–, *L'Espérance juive à l'heure de Jésus*, Desclée, 1994.

GUIGNEBERT Charles, *Jésus*, rééd. Albin Michel, 1969.

HENGEL Martin, *La Crucifixion*, Cerf, 1981, lectio divina.

IMBERT Jean, *Le Procès de Jésus*, PUF Que sais-je ?, 1984.

ISAAC Jules, *Jésus et Israël*, 1948, rééd. Fasquelle, 1987.

–, *Genèse de l'antisémitisme*, rééd. Presses Pocket, 1991.

JAUBERT A., « La date de la Cène. Calendrier biblique et liturgique chrétien », *Études bibliques*, 1957.

JEREMIAS, *La Dernière Cène*, Cerf, 1972, lectio divina.

LAURENTIN René, *La Vie authentique de Jésus*, Fayard, 1996.

LEGASSE Simon, *Le Procès de Jésus*, t. I, *L'Histoire*, t. II, *La Passion dans les quatre Évangiles*, Cerf, 1994-1995.

LÉMONON Jean-Pierre, *Pilate et le gouvernement de la Judée*, Librairie Lecoffre, 1981.

LÉON-DUFOUR Xavier, *Récits de la Passion*, Supplément du dictionnaire de la Bible, t. VI, 1960.

–, *Les Évangiles et l'histoire de Jésus*, Seuil, 1964, p. 1419.

–, *Résurrection de Jésus et message pascal*, Seuil, 1985, p. 1492.

MAURIAC François, *Vie de Jésus*, Flammarion, 1936, rééd. Livre de Vie, 1961.

MESSORI Vittorio, *Il a souffert sous Ponce-Pilate*, F.X. de Guibert, 1993.

MOLTMANN Jurgen, *Le Dieu crucifié*, Cerf, 1990.

MOMMSEN Théodor, *Le Droit pénal romain*, 1907, trois volumes.

NISIN Arthur, *Histoire de Jésus*, Seuil, Livre de Vie, 1961.

PERROT Charles, *Jésus et l'Histoire*, Desclée, rééd. 1993.

POLIAKOV Léon, *Histoire de l'antisémitisme*, rééd. Le Seuil, « Points-Histoire », 2 vol., 1994.

POTIN, *Jésus, l'histoire vraie*, Bayard/Centurion, 1995.

QUESNEL Michel, *L'Histoire des Évangiles*, Cerf/Fides.

ROUX Jean-Paul, *Jésus*, Fayard, 1989.

SIMON Marcel, *Verus Israël*, Éditions Boccara, 1983.

TACITE, *Œuvres*, traduites, présentées et annotées par Pierre Grimal, Bibliothèque de la Pléiade.

TRESMONTANT Claude, *Le Christ hébreu et les Traductions des Évangiles chez F.X. de Guibert*, O.E.I.L.

VANEL A., *Le Prétoire*, Supplément au dictionnaire de la Bible, Fasc. 44, Letouzey et Ané, 1969, p. 513 & ss.

WINTER P., *On the Trial of Jesus*, Berlin, 1961.

ZUMSTEIN Jean, *Miettes exégétiques*, Labor et Fides, 1991.

Table

Cet ouvrage a été réalisé par la
SOCIÉTÉ NOUVELLE FIRMIN-DIDOT
Mesnil-sur-l'Estrée
pour le compte des Éditions Perrin
en février 1997

Imprimé en France
Dépôt légal : mars 1997
N° d'édition : 12791 – N° d'impression : 37490